AF452949

VILLIERS DE L'ISLE-ADAM

PARIS

17, BOULEVARD DE LA MADELEINE, 17

1906

CET OUVRAGE

A ÉTÉ TIRÉ PAR L'IMPRIMERIE NATIONALE

AVEC L'AUTORISATION

DE M. LE GARDE DES SCEAUX, MINISTRE DE LA JUSTICE

À 190 EXEMPLAIRES

———

DÉTAIL DU TIRAGE :

5 exemplaires sur japon ancien (1 à 5), entièrement décorés par M. Georges Rochegrosse.

20 exemplaires sur japon impérial (6 à 25), contenant une aquarelle originale ayant servi d'étude pour l'illustration du livre et un état d'une des compositions avec les corrections de M. Rochegrosse.

15 exemplaires sur japon ancien (26 à 40), contenant un état d'une des compositions avec les corrections de M. Rochegrosse.

150 exemplaires sur papier vélin teinté (41 à 190), fabriqué spécialement par les papeteries de Blanchet et Kléber.

———

EXEMPLAIRE Nº

LES QUINZE AQUARELLES QUI ILLUSTRENT CETTE ÉDITION

SONT DE M. GEORGES ROCHEGROSSE.

ELLES ONT ÉTÉ GRAVÉES EN COULEURS PAR M. LOUIS MORTIER.

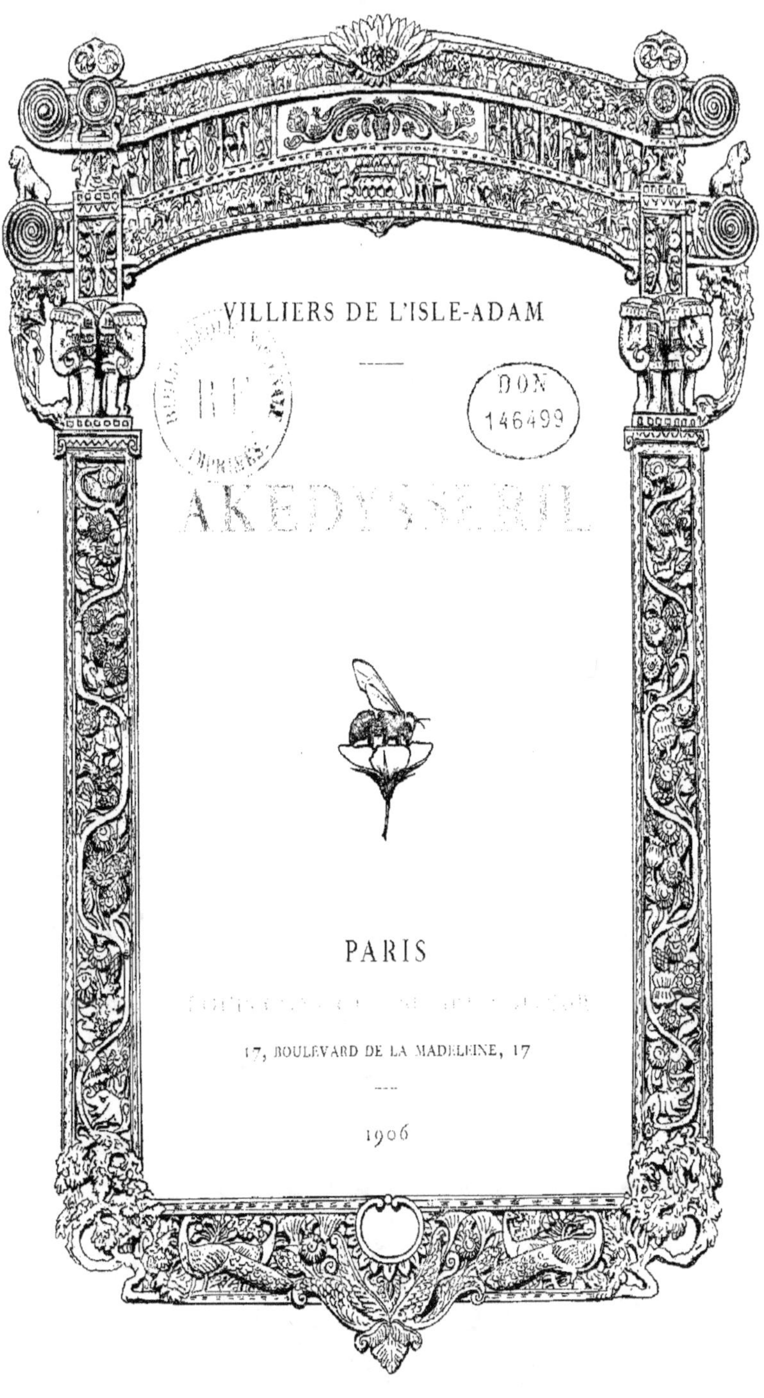

VILLIERS DE L'ISLE-ADAM

———

AKEDYSSERIL

PARIS

17, BOULEVARD DE LA MADELEINE, 17

————

1906

A MONSIEUR LE MARQUIS DE SALISBURY.

[illegible]
[illegible]

(Livres Hindous.)

La ville sainte apparaissait, violette, au fond des brumes d'or : c'était un soir des vieux âges ; la mort de l'astre Souryâ, phénix du monde, arrachait des myriades de pierreries aux dômes de Bénarès.

Sur les hauteurs, à l'est occidental, de longues forêts de palmiers-palmyres mouvaient les bleuissements dorés de leurs ombrages sur les vallées du Habad ;

I

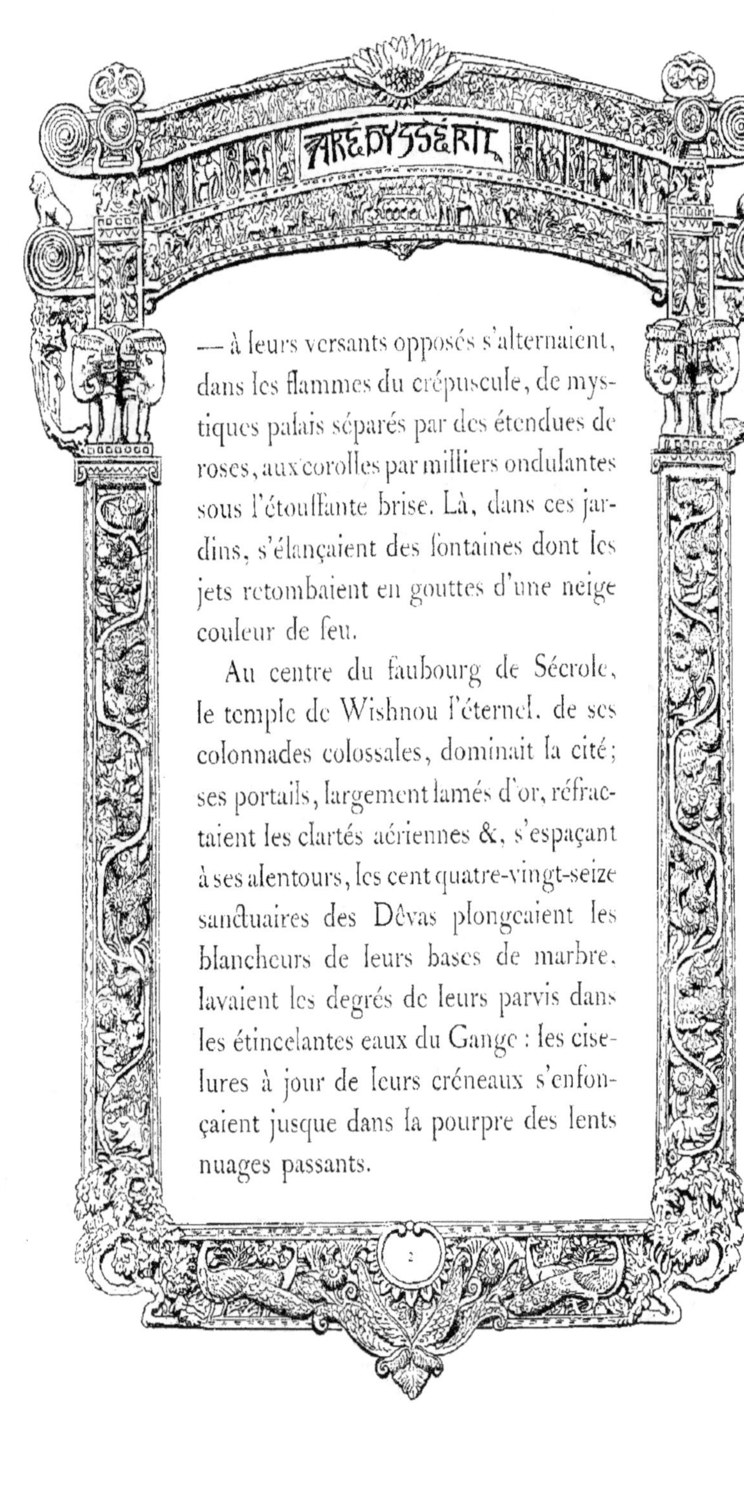

— à leurs versants opposés s'alternaient,
dans les flammes du crépuscule, de mystiques palais séparés par des étendues de
roses, aux corolles par milliers ondulantes
sous l'étouffante brise. Là, dans ces jardins, s'élançaient des fontaines dont les
jets retombaient en gouttes d'une neige
couleur de feu.

Au centre du faubourg de Sécrole,
le temple de Wishnou l'éternel, de ses
colonnades colossales, dominait la cité ;
ses portails, largement lamés d'or, réfrac-
taient les clartés aériennes &, s'espaçant
à ses alentours, les cent quatre-vingt-seize
sanctuaires des Dêvas plongeaient les
blancheurs de leurs bases de marbre,
lavaient les degrés de leurs parvis dans
les étincelantes eaux du Gange : les cise-
lures à jour de leurs créneaux s'enfon-
çaient jusque dans la pourpre des lents
nuages passants.

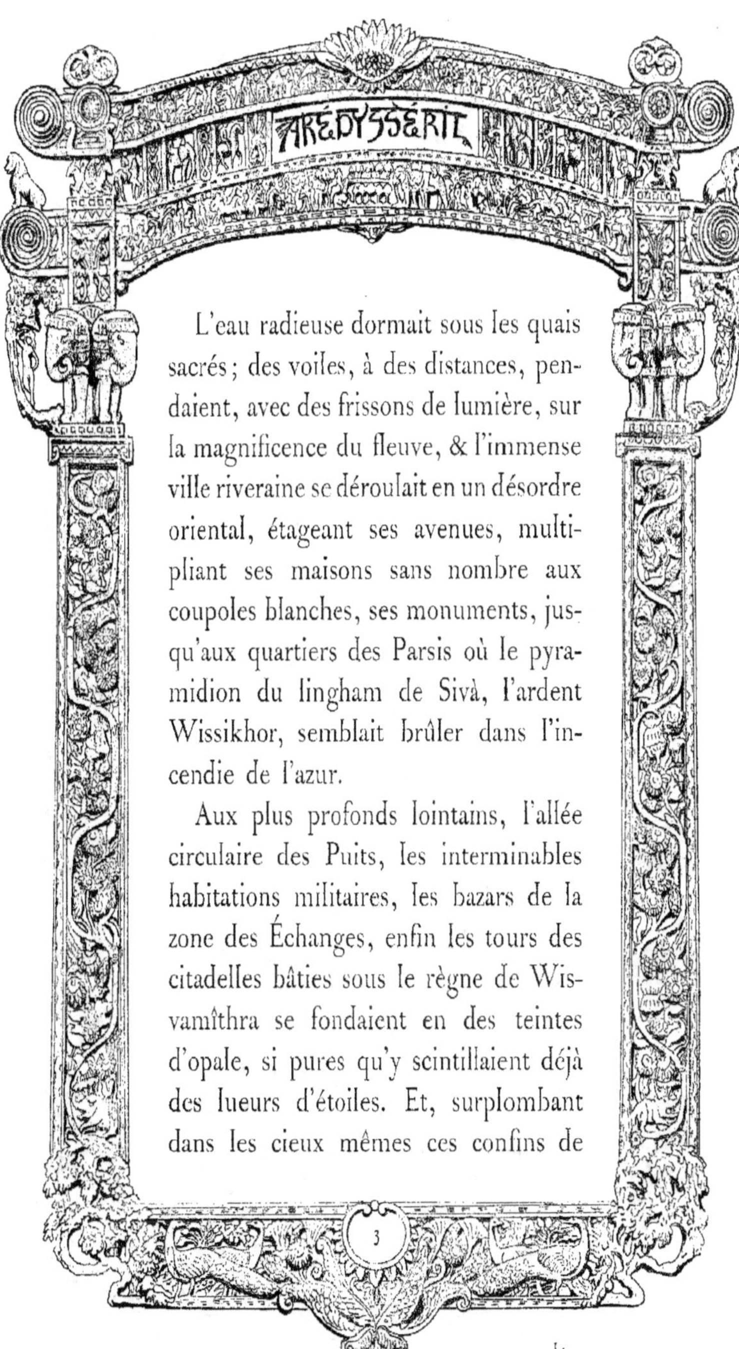

L'eau radieuse dormait sous les quais sacrés ; des voiles, à des distances, pendaient, avec des frissons de lumière, sur la magnificence du fleuve, & l'immense ville riveraine se déroulait en un désordre oriental, étageant ses avenues, multipliant ses maisons sans nombre aux coupoles blanches, ses monuments, jusqu'aux quartiers des Parsis où le pyramidion du lingham de Sivà, l'ardent Wissikhor, semblait brûler dans l'incendie de l'azur.

Aux plus profonds lointains, l'allée circulaire des Puits, les interminables habitations militaires, les bazars de la zone des Échanges, enfin les tours des citadelles bâties sous le règne de Wisvamîthra se fondaient en des teintes d'opale, si pures qu'y scintillaient déjà des lueurs d'étoiles. Et, surplombant dans les cieux mêmes ces confins de

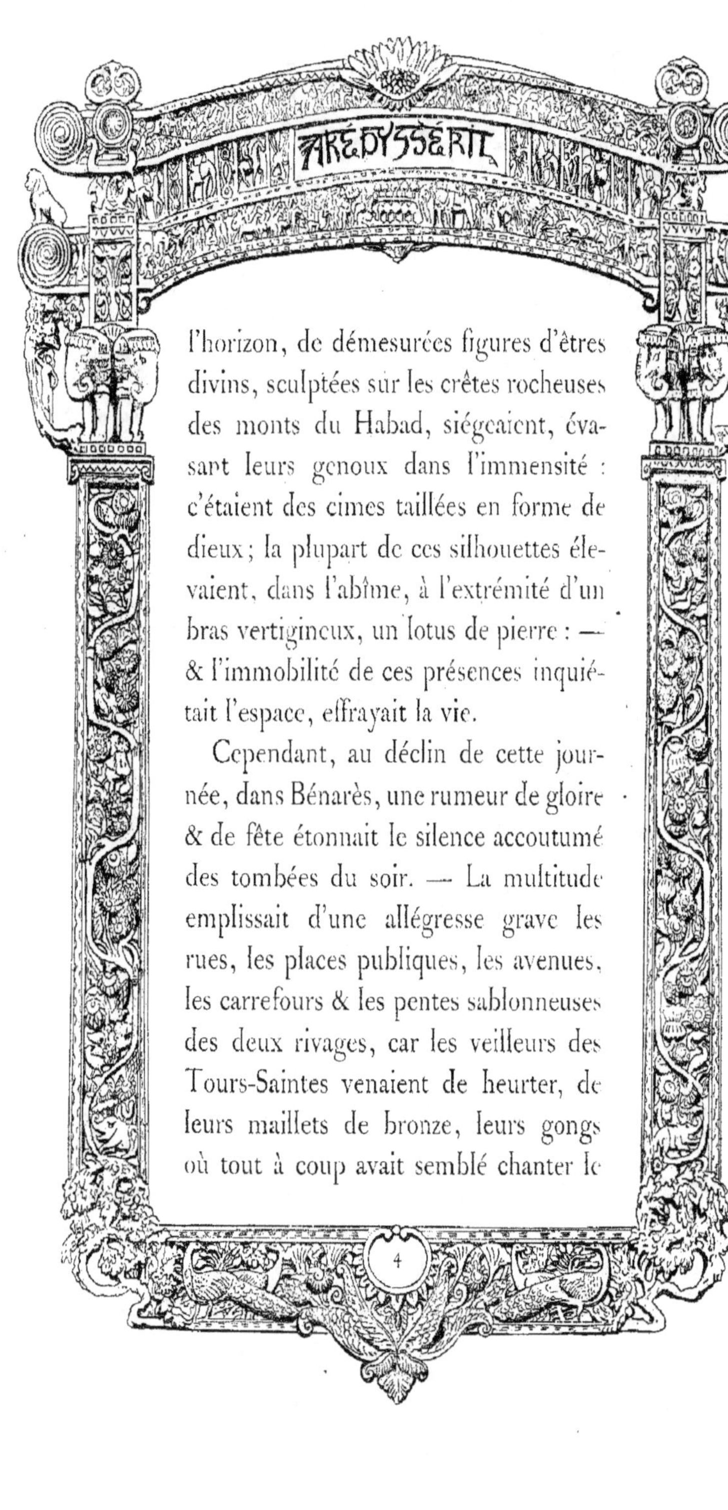

l'horizon, de démesurées figures d'êtres divins, sculptées sur les crêtes rocheuses des monts du Habad, siégeaient, évasant leurs genoux dans l'immensité : c'étaient des cimes taillées en forme de dieux ; la plupart de ces silhouettes élevaient, dans l'abîme, à l'extrémité d'un bras vertigineux, un lotus de pierre : — & l'immobilité de ces présences inquiétait l'espace, effrayait la vie.

Cependant, au déclin de cette journée, dans Bénarès, une rumeur de gloire & de fête étonnait le silence accoutumé des tombées du soir. — La multitude emplissait d'une allégresse grave les rues, les places publiques, les avenues, les carrefours & les pentes sablonneuses des deux rivages, car les veilleurs des Tours-Saintes venaient de heurter, de leurs maillets de bronze, leurs gongs où tout à coup avait semblé chanter le

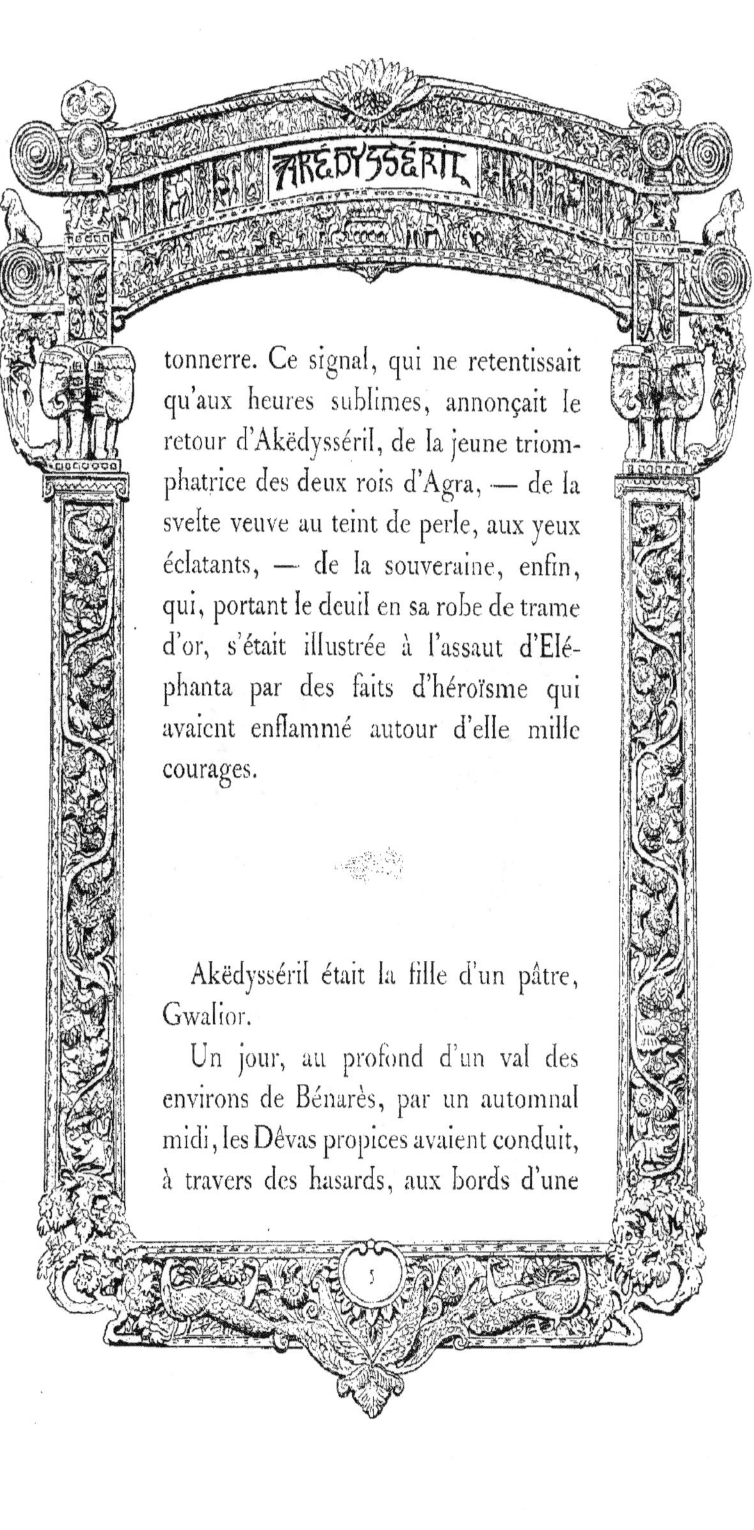

tonnerre. Ce signal, qui ne retentissait qu'aux heures sublimes, annonçait le retour d'Akëdysséril, de la jeune triomphatrice des deux rois d'Agra, — de la svelte veuve au teint de perle, aux yeux éclatants, — de la souveraine, enfin, qui, portant le deuil en sa robe de trame d'or, s'était illustrée à l'assaut d'Eléphanta par des faits d'héroïsme qui avaient enflammé autour d'elle mille courages.

Akëdysséril était la fille d'un pâtre, Gwalior.

Un jour, au profond d'un val des environs de Bénarès, par un automnal midi, les Dêvas propices avaient conduit, à travers des hasards, aux bords d'une

source où la jeune vierge baignait ses
pieds, un chasseur d'aurochs, Sinjab,
l'héritier royal, fils de Séür le Clément

qui régnait alors sur l'immense contrée
du Habad. Et, sur l'instant même, le
charme de l'enfant prédestinée avait
suscité, dans tout l'être du jeune prince,
un amour divin ! — La revoir encore

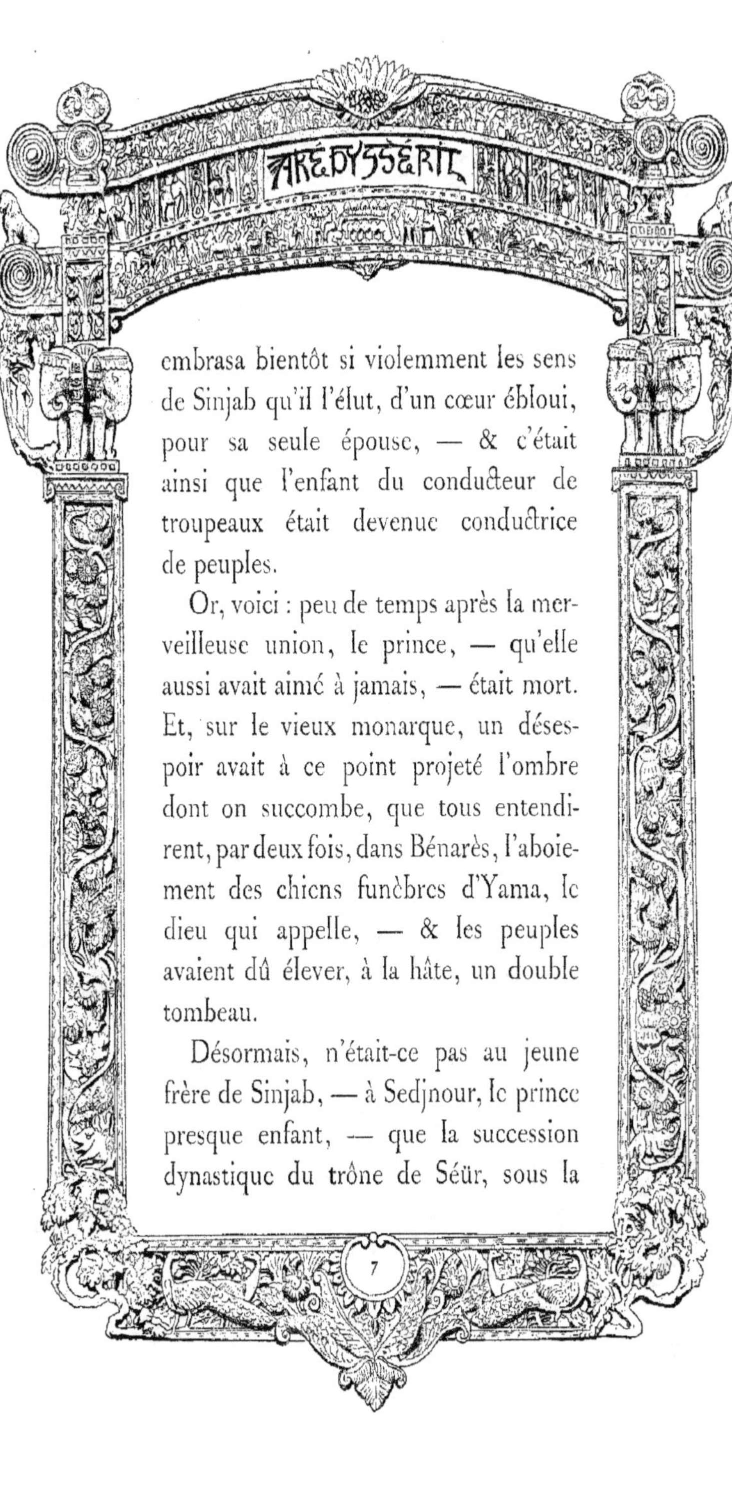

embrasa bientôt si violemment les sens de Sinjab qu'il l'élut, d'un cœur ébloui, pour sa seule épouse, — & c'était ainsi que l'enfant du conducteur de troupeaux était devenue conductrice de peuples.

Or, voici : peu de temps après la merveilleuse union, le prince, — qu'elle aussi avait aimé à jamais, — était mort. Et, sur le vieux monarque, un désespoir avait à ce point projeté l'ombre dont on succombe, que tous entendirent, par deux fois, dans Bénarès, l'aboiement des chiens funèbres d'Yama, le dieu qui appelle, — & les peuples avaient dû élever, à la hâte, un double tombeau.

Désormais, n'était-ce pas au jeune frère de Sinjab, — à Sedjnour, le prince presque enfant, — que la succession dynastique du trône de Séür, sous la

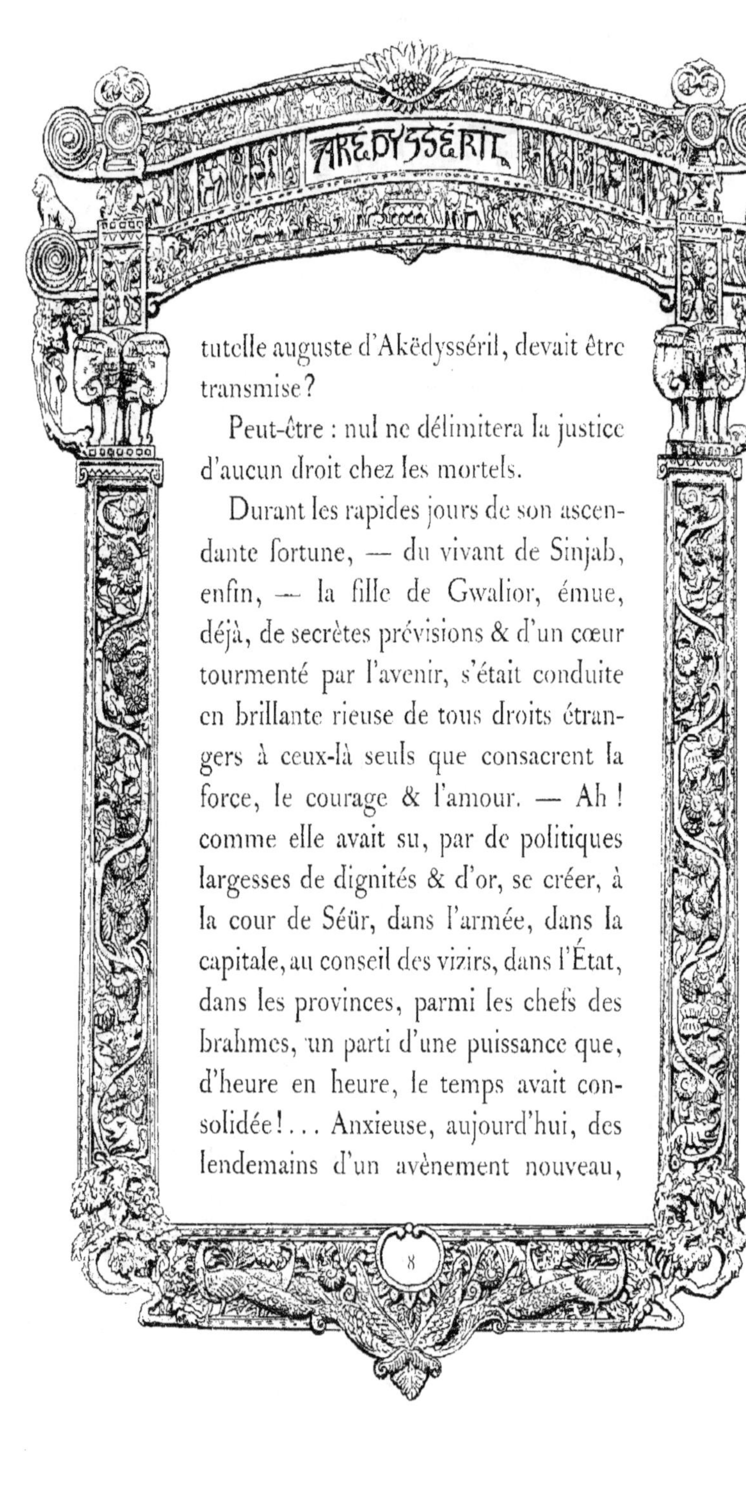

tutelle auguste d'Akëdysséril, devait être transmise ?

Peut-être : nul ne délimitera la justice d'aucun droit chez les mortels.

Durant les rapides jours de son ascendante fortune, — du vivant de Sinjab, enfin, — la fille de Gwalior, émue, déjà, de secrètes prévisions & d'un cœur tourmenté par l'avenir, s'était conduite en brillante rieuse de tous droits étrangers à ceux-là seuls que consacrent la force, le courage & l'amour. — Ah ! comme elle avait su, par de politiques largesses de dignités & d'or, se créer, à la cour de Séür, dans l'armée, dans la capitale, au conseil des vizirs, dans l'État, dans les provinces, parmi les chefs des brahmes, un parti d'une puissance que, d'heure en heure, le temps avait consolidée !... Anxieuse, aujourd'hui, des lendemains d'un avènemant nouveau,

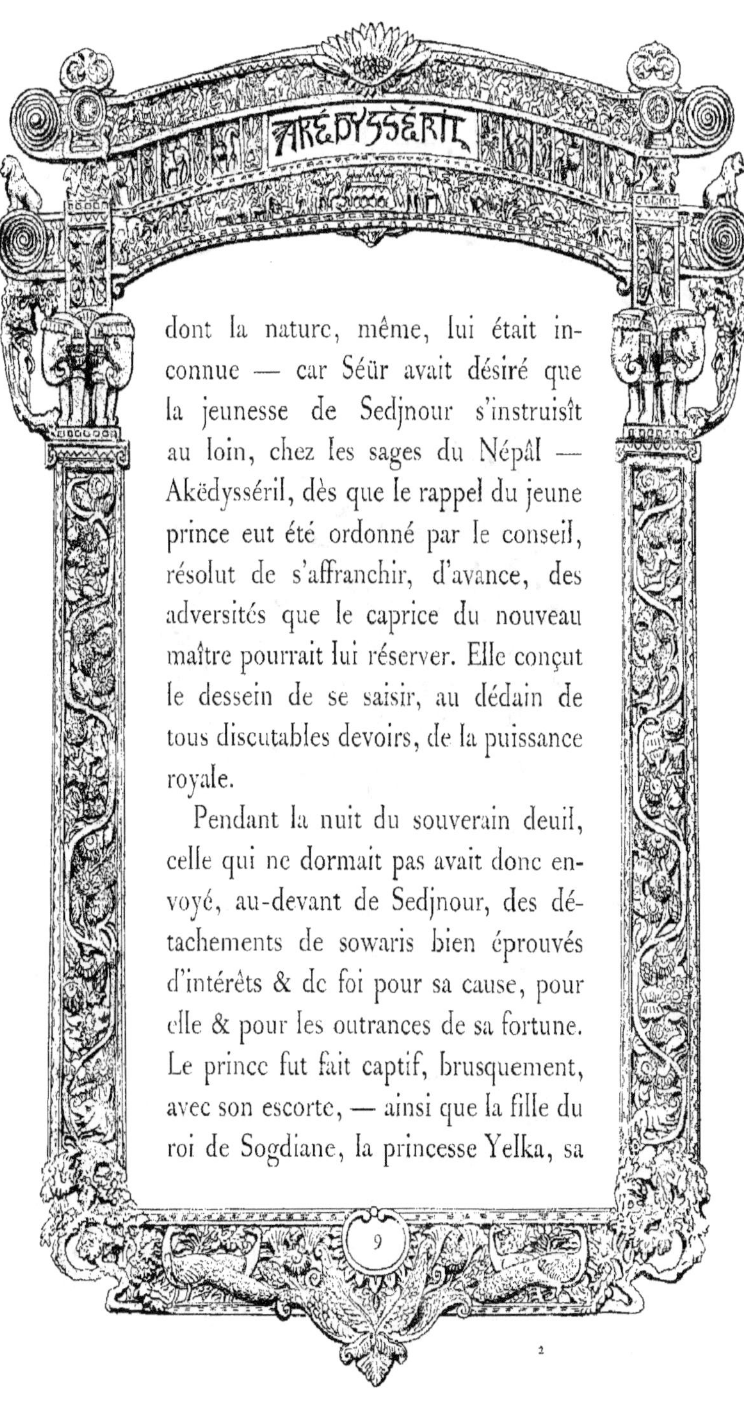

dont la nature, même, lui était inconnue — car Séür avait désiré que
la jeunesse de Sedjnour s'instruisît
au loin, chez les sages du Népâl —
Akëdysséril, dès que le rappel du jeune
prince eut été ordonné par le conseil,
résolut de s'affranchir, d'avance, des
adversités que le caprice du nouveau
maître pourrait lui réserver. Elle conçut
le dessein de se saisir, au dédain de
tous discutables devoirs, de la puissance
royale.

Pendant la nuit du souverain deuil,
celle qui ne dormait pas avait donc en-
voyé, au-devant de Sedjnour, des dé-
tachements de sowaris bien éprouvés
d'intérêts & de foi pour sa cause, pour
elle & pour les outrances de sa fortune.
Le prince fut fait captif, brusquement,
avec son escorte, — ainsi que la fille du
roi de Sogdiane, la princesse Yelka, sa

fiancée d'amour, accourue à sa rencontre,
faiblement entourée.

Et ce fut au moment où tous deux
s'apparaissaient pour la première fois,
sur la route, aux clartés de la nuit.

Depuis cette heure, prisonniers d'Akëdysséril, les deux adolescents vivaient
précipités du trône, isolés l'un de l'autre
en deux palais que séparait le vaste

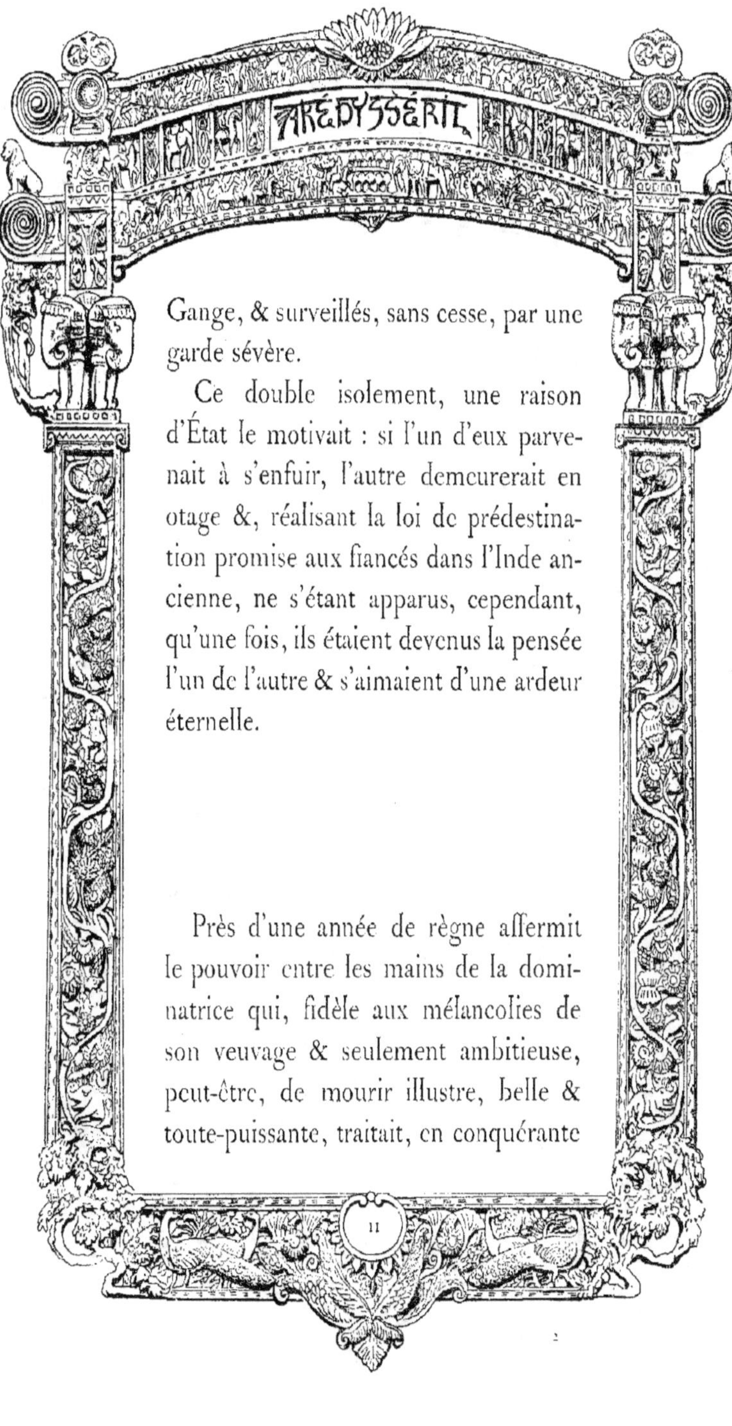

Gange, & surveillés, sans cesse, par une garde sévère.

Ce double isolement, une raison d'État le motivait : si l'un d'eux parvenait à s'enfuir, l'autre demeurerait en otage &, réalisant la loi de prédestination promise aux fiancés dans l'Inde ancienne, ne s'étant apparus, cependant, qu'une fois, ils étaient devenus la pensée l'un de l'autre & s'aimaient d'une ardeur éternelle.

Près d'une année de règne affermit le pouvoir entre les mains de la dominatrice qui, fidèle aux mélancolies de son veuvage & seulement ambitieuse, peut-être, de mourir illustre, belle & toute-puissante, traitait, en conquérante

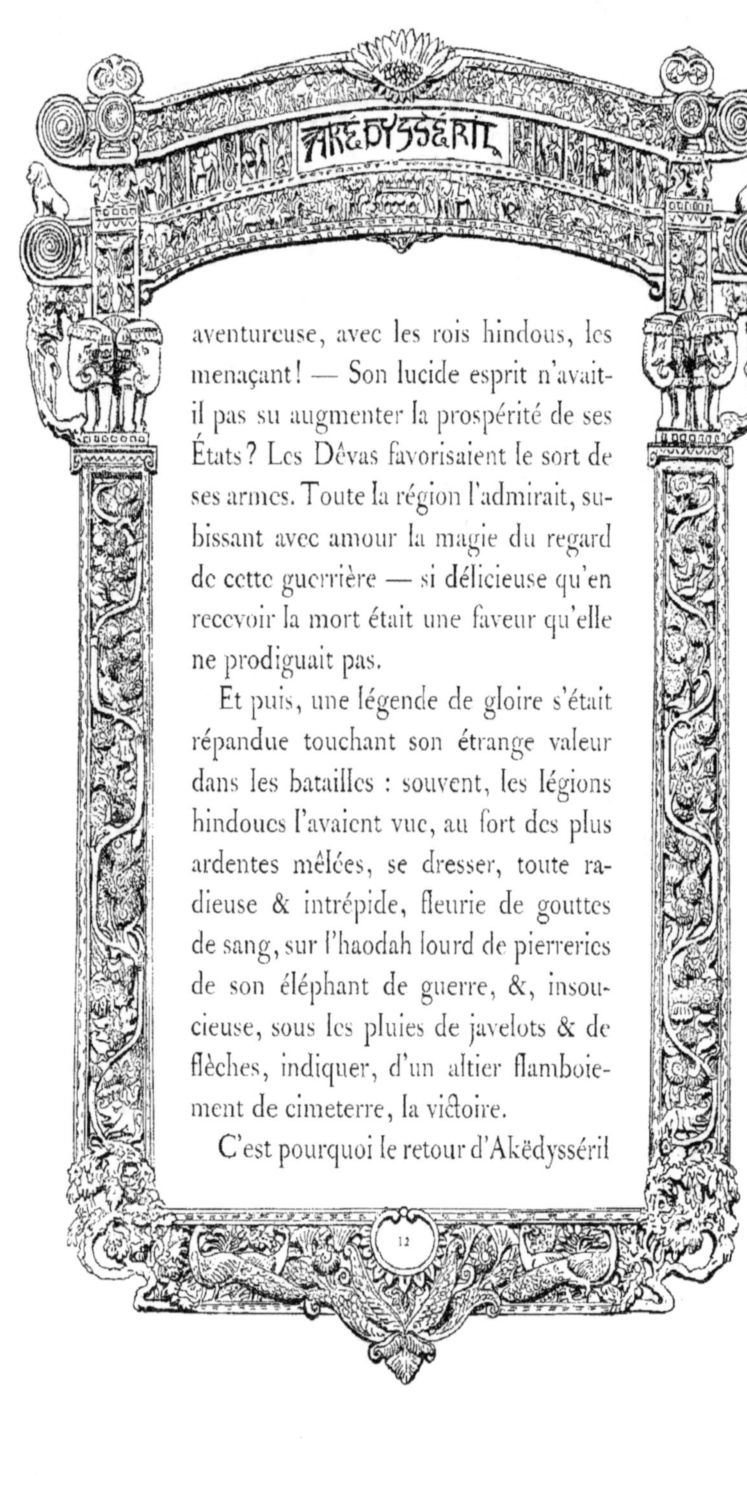

aventureuse, avec les rois hindous, les menaçant! — Son lucide esprit n'avait-il pas su augmenter la prospérité de ses États? Les Dêvas favorisaient le sort de ses armes. Toute la région l'admirait, subissant avec amour la magie du regard de cette guerrière — si délicieuse qu'en recevoir la mort était une faveur qu'elle ne prodiguait pas.

Et puis, une légende de gloire s'était répandue touchant son étrange valeur dans les batailles : souvent, les légions hindoues l'avaient vue, au fort des plus ardentes mêlées, se dresser, toute radieuse & intrépide, fleurie de gouttes de sang, sur l'haodah lourd de pierreries de son éléphant de guerre, &, insoucieuse, sous les pluies de javelots & de flèches, indiquer, d'un altier flamboiement de cimeterre, la victoire.

C'est pourquoi le retour d'Akëdysséril

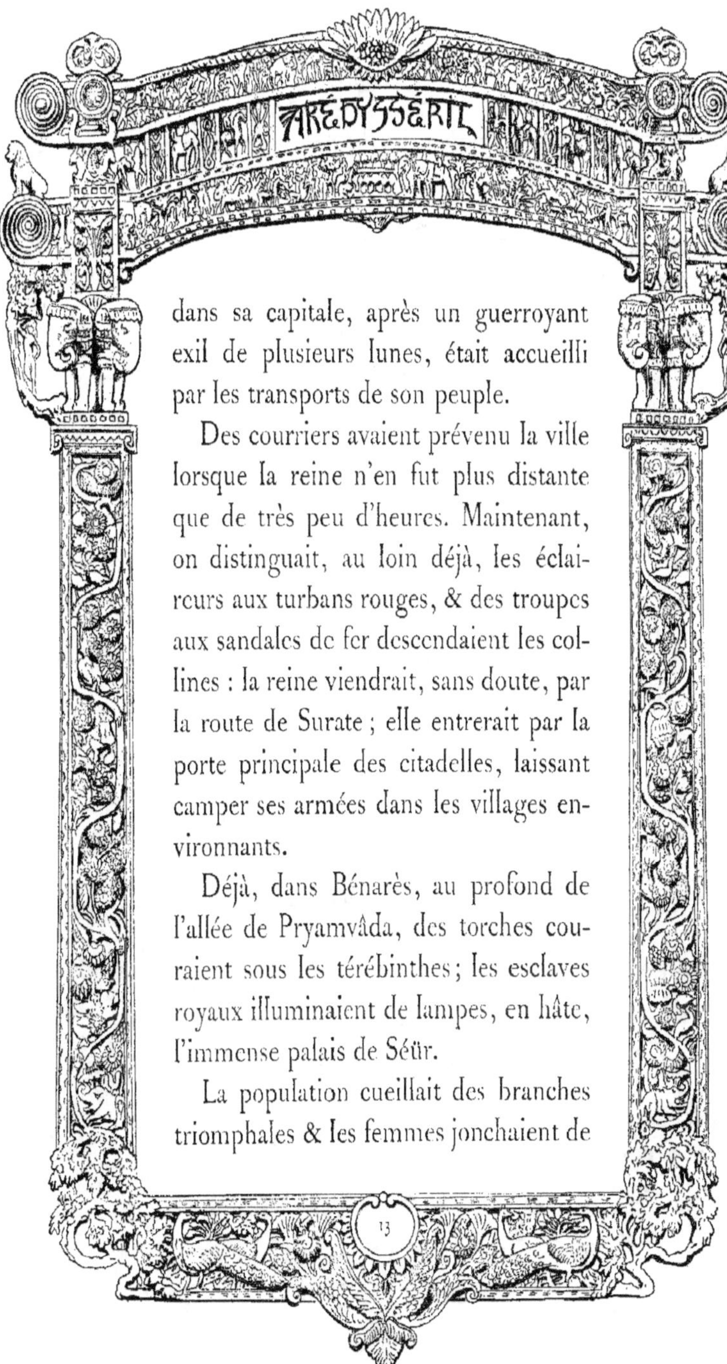

dans sa capitale, après un guerroyant exil de plusieurs lunes, était accueilli par les transports de son peuple.

Des courriers avaient prévenu la ville lorsque la reine n'en fut plus distante que de très peu d'heures. Maintenant, on distinguait, au loin déjà, les éclaireurs aux turbans rouges, & des troupes aux sandales de fer descendaient les collines : la reine viendrait, sans doute, par la route de Surate ; elle entrerait par la porte principale des citadelles, laissant camper ses armées dans les villages environnants.

Déjà, dans Bénarès, au profond de l'allée de Pryamvâda, des torches couraient sous les térébinthes ; les esclaves royaux illuminaient de lampes, en hâte, l'immense palais de Séür.

La population cueillait des branches triomphales & les femmes jonchaient de

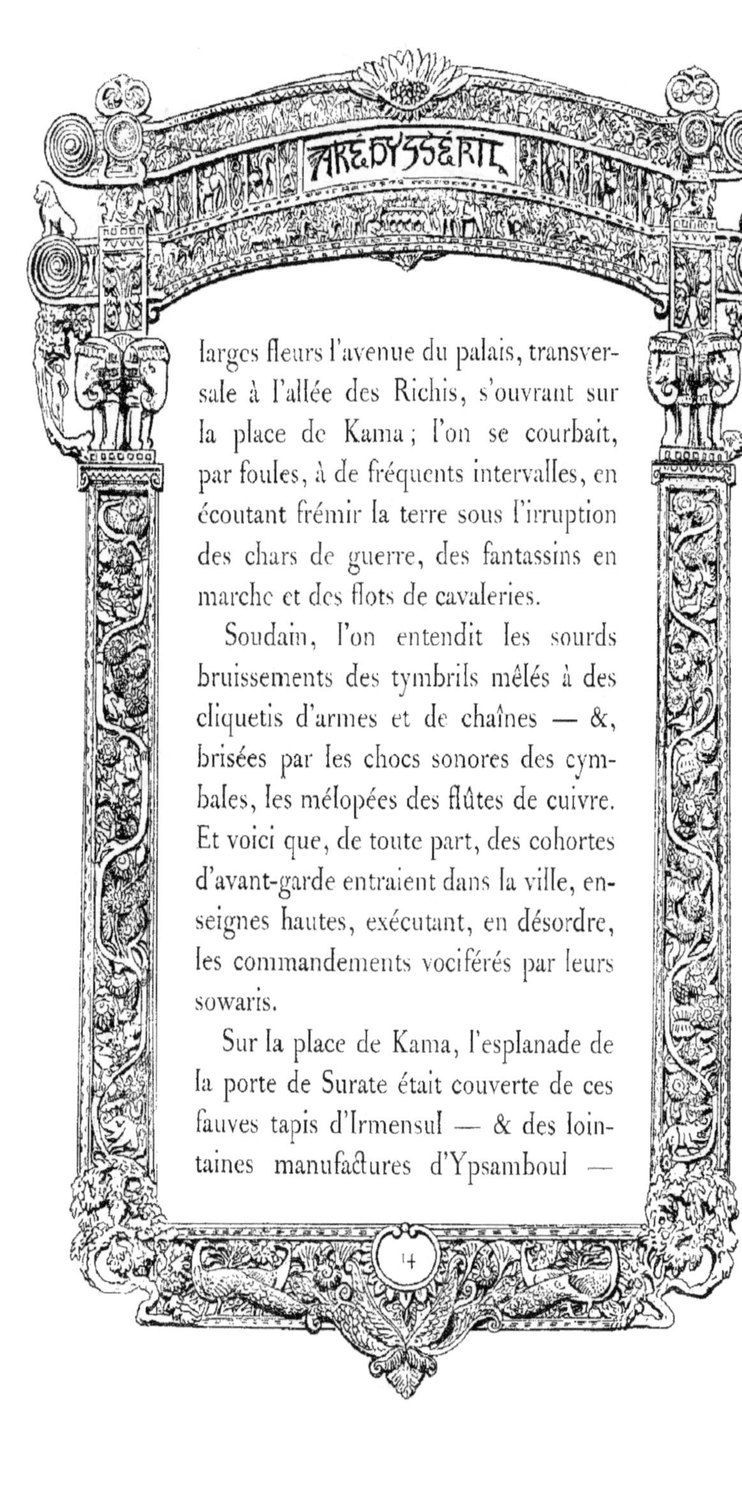

larges fleurs l'avenue du palais, transver-
sale à l'allée des Richis, s'ouvrant sur
la place de Kama ; l'on se courbait,
par foules, à de fréquents intervalles, en
écoutant frémir la terre sous l'irruption
des chars de guerre, des fantassins en
marche et des flots de cavaleries.

Soudain, l'on entendit les sourds
bruissements des tymbrils mêlés à des
cliquetis d'armes et de chaînes — &,
brisées par les chocs sonores des cym-
bales, les mélopées des flûtes de cuivre.
Et voici que, de toute part, des cohortes
d'avant-garde entraient dans la ville, en-
seignes hautes, exécutant, en désordre,
les commandements vociférés par leurs
sowaris.

Sur la place de Kama, l'esplanade de
la porte de Surate était couverte de ces
fauves tapis d'Irmensul — & des lointaines manufactures d'Ypsamboul —

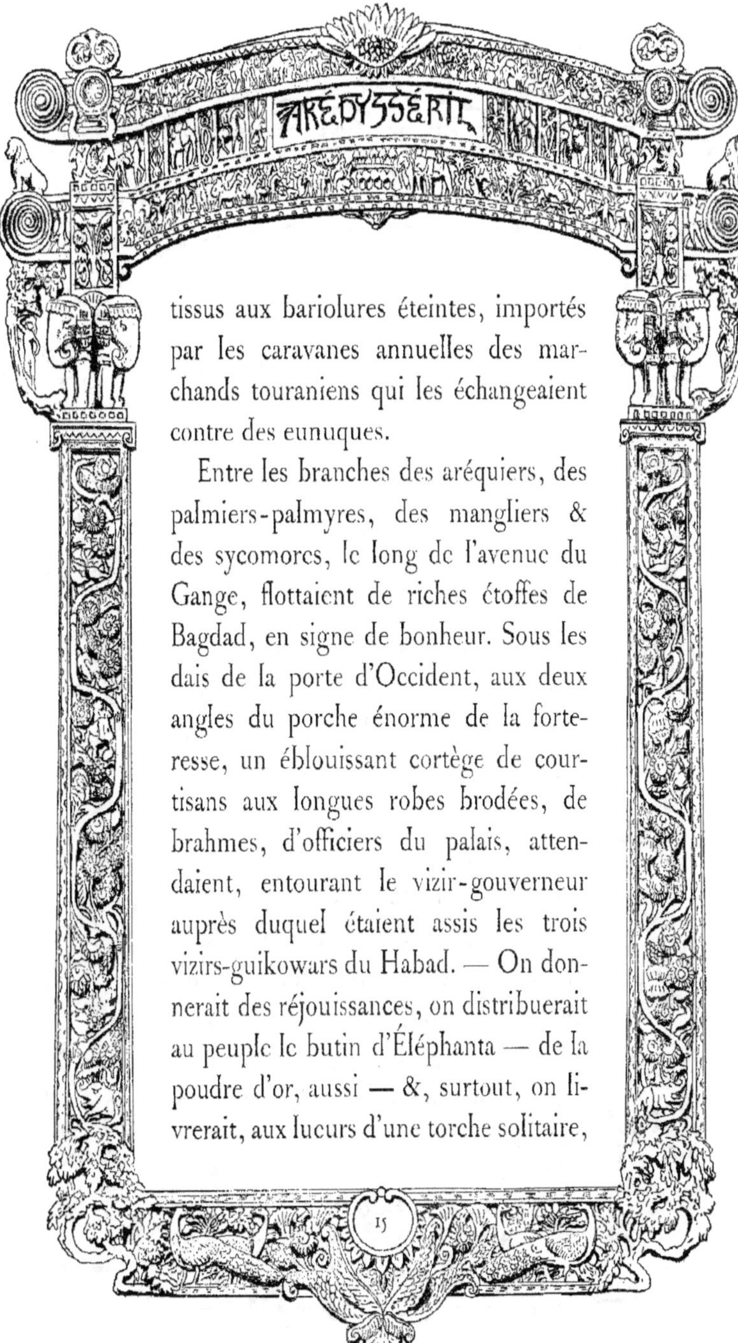

tissus aux bariolures éteintes, importés par les caravanes annuelles des marchands touraniens qui les échangeaient contre des eunuques.

Entre les branches des aréquiers, des palmiers-palmyres, des mangliers & des sycomores, le long de l'avenue du Gange, flottaient de riches étoffes de Bagdad, en signe de bonheur. Sous les dais de la porte d'Occident, aux deux angles du porche énorme de la forteresse, un éblouissant cortège de courtisans aux longues robes brodées, de brahmes, d'officiers du palais, attendaient, entourant le vizir-gouverneur auprès duquel étaient assis les trois vizirs-guikowars du Habad. — On donnerait des réjouissances, on distribuerait au peuple le butin d'Éléphanta — de la poudre d'or, aussi — &, surtout, on livrerait, aux lueurs d'une torche solitaire,

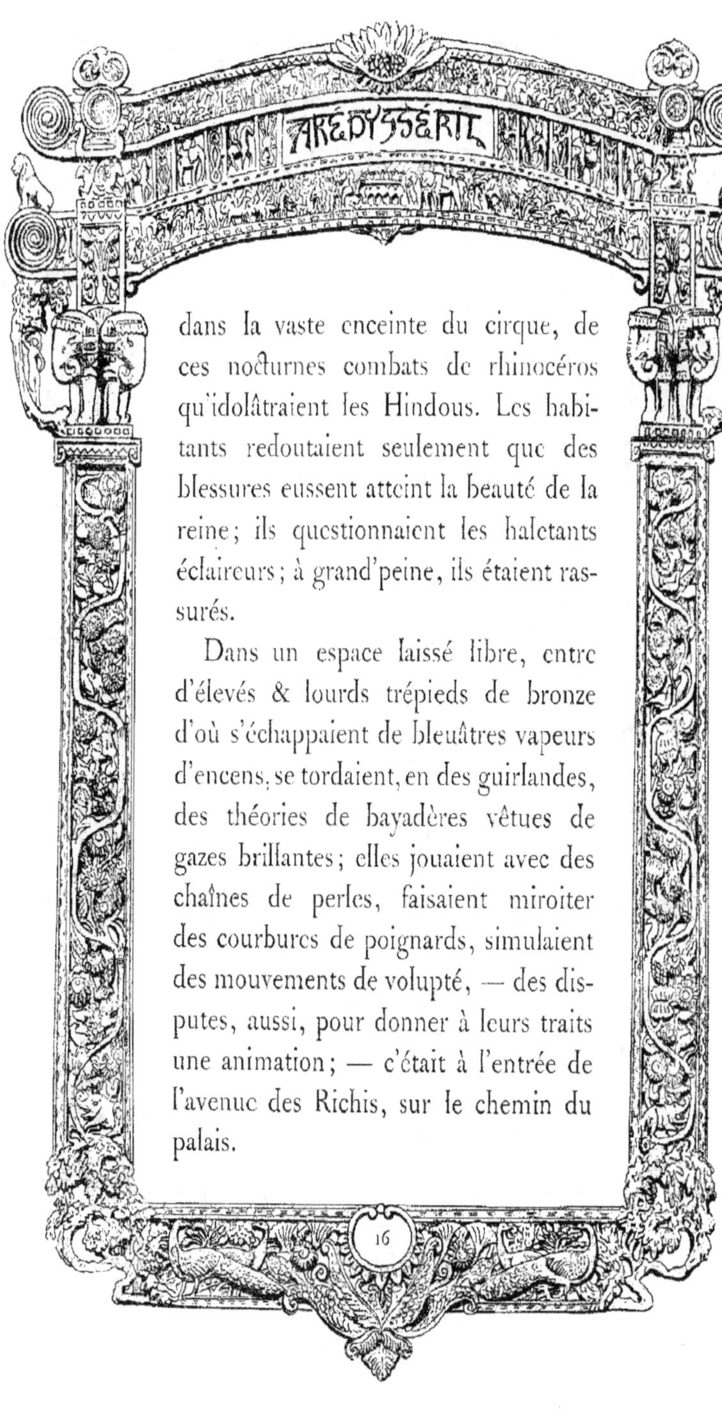

dans la vaste enceinte du cirque, de ces nocturnes combats de rhinocéros qu'idolâtraient les Hindous. Les habitants redoutaient seulement que des blessures eussent atteint la beauté de la reine ; ils questionnaient les haletants éclaireurs ; à grand'peine, ils étaient rassurés.

Dans un espace laissé libre, entre d'élevés & lourds trépieds de bronze d'où s'échappaient de bleuâtres vapeurs d'encens, se tordaient, en des guirlandes, des théories de bayadères vêtues de gazes brillantes ; elles jouaient avec des chaînes de perles, faisaient miroiter des courbures de poignards, simulaient des mouvements de volupté, — des disputes, aussi, pour donner à leurs traits une animation ; — c'était à l'entrée de l'avenue des Richis, sur le chemin du palais.

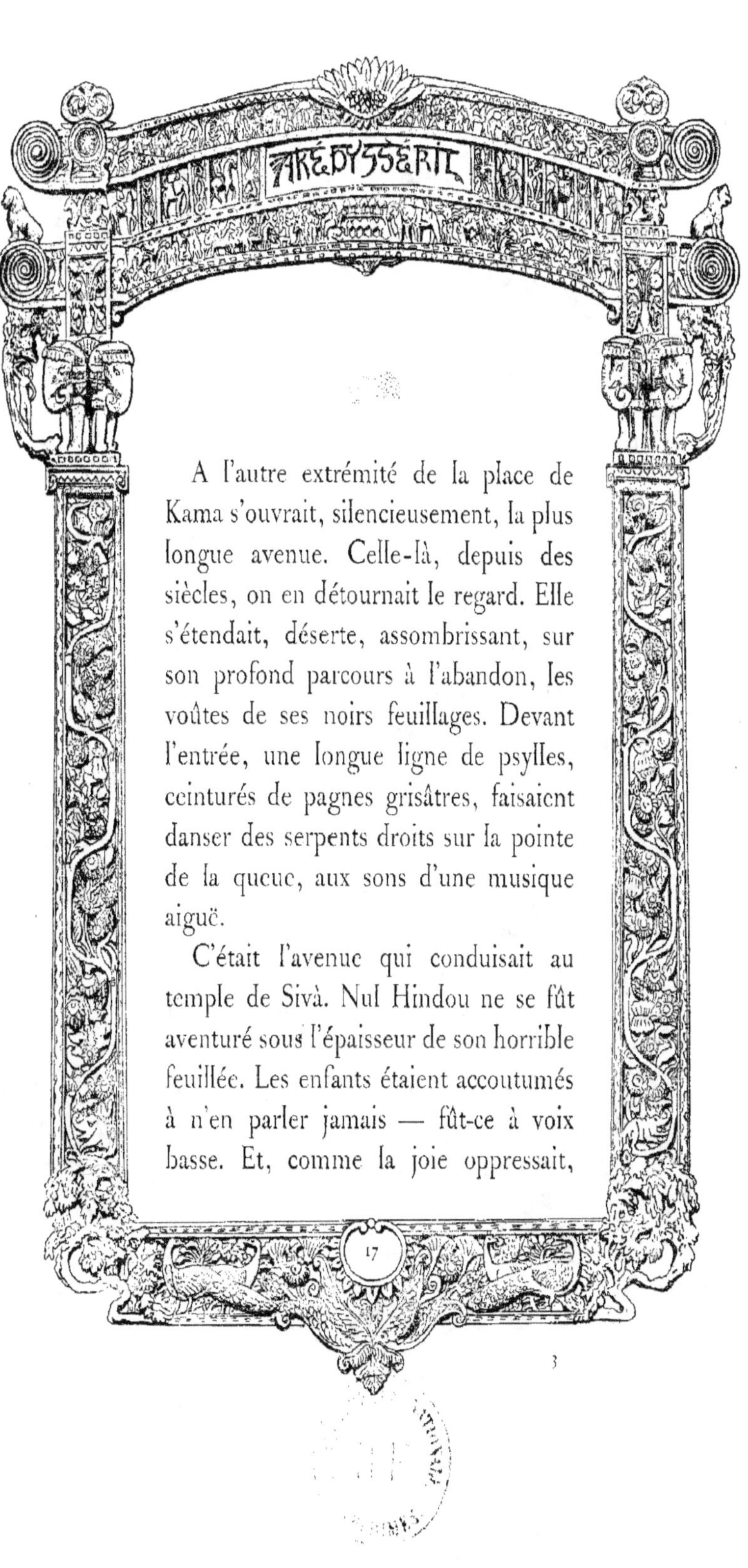

A l'autre extrémité de la place de Kama s'ouvrait, silencieusement, la plus longue avenue. Celle-là, depuis des siècles, on en détournait le regard. Elle s'étendait, déserte, assombrissant, sur son profond parcours à l'abandon, les voûtes de ses noirs feuillages. Devant l'entrée, une longue ligne de psylles, ceinturés de pagnes grisâtres, faisaient danser des serpents droits sur la pointe de la queue, aux sons d'une musique aiguë.

C'était l'avenue qui conduisait au temple de Sivà. Nul Hindou ne se fût aventuré sous l'épaisseur de son horrible feuillée. Les enfants étaient accoutumés à n'en parler jamais — fût-ce à voix basse. Et, comme la joie oppressait,

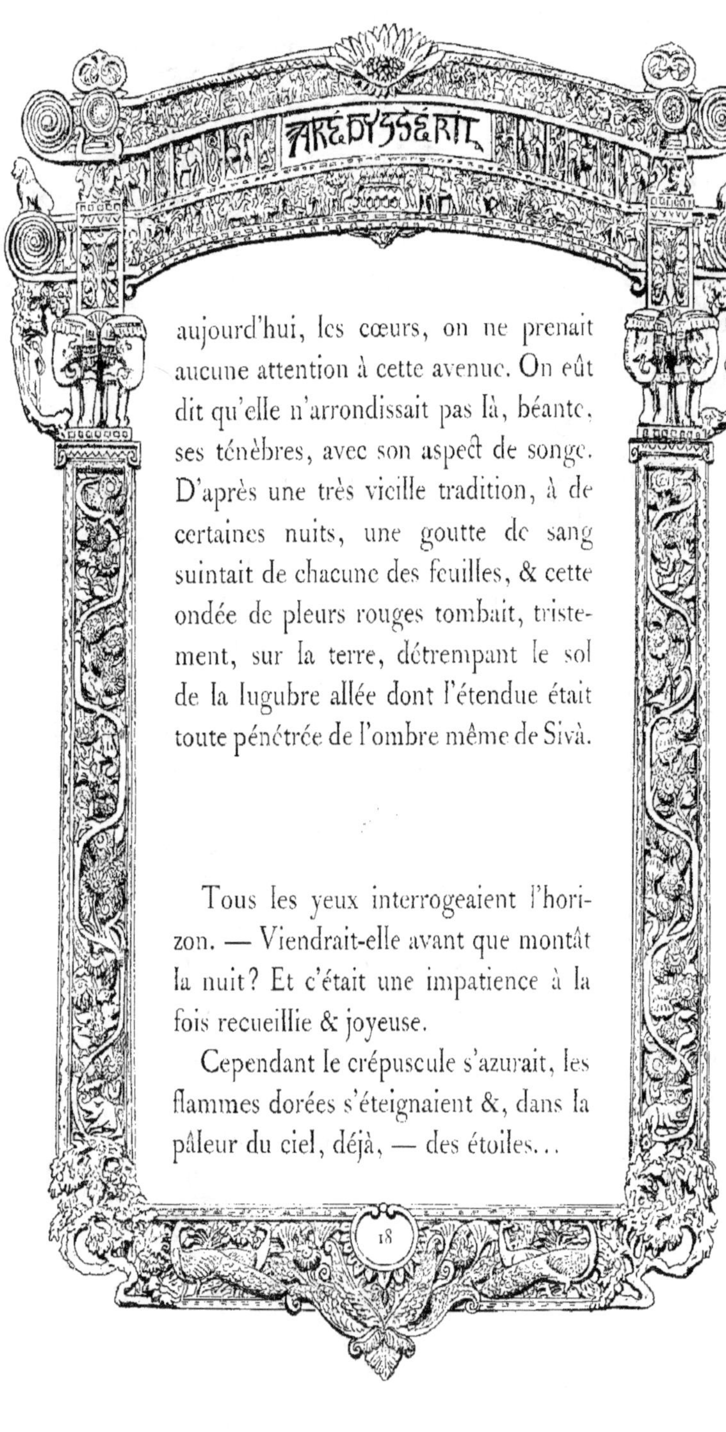

aujourd'hui, les cœurs, on ne prenait aucune attention à cette avenue. On eût dit qu'elle n'arrondissait pas là, béante, ses ténèbres, avec son aspect de songe. D'après une très vieille tradition, à de certaines nuits, une goutte de sang suintait de chacune des feuilles, & cette ondée de pleurs rouges tombait, tristement, sur la terre, détrempant le sol de la lugubre allée dont l'étendue était toute pénétrée de l'ombre même de Sivà.

Tous les yeux interrogeaient l'horizon. — Viendrait-elle avant que montât la nuit? Et c'était une impatience à la fois recueillie & joyeuse.

Cependant le crépuscule s'azurait, les flammes dorées s'éteignaient &, dans la pâleur du ciel, déjà, — des étoiles...

Au moment où le globe divin oscil-
lait au bord de l'espace, prêt à s'abîmer,

de longs ruisseaux de feu coururent, en
ondulant, sur les vapeurs occidentales
— & voici qu'en cet instant même, au
sortir des défilés de ces lointaines collines entre lesquelles s'aplanissait la route

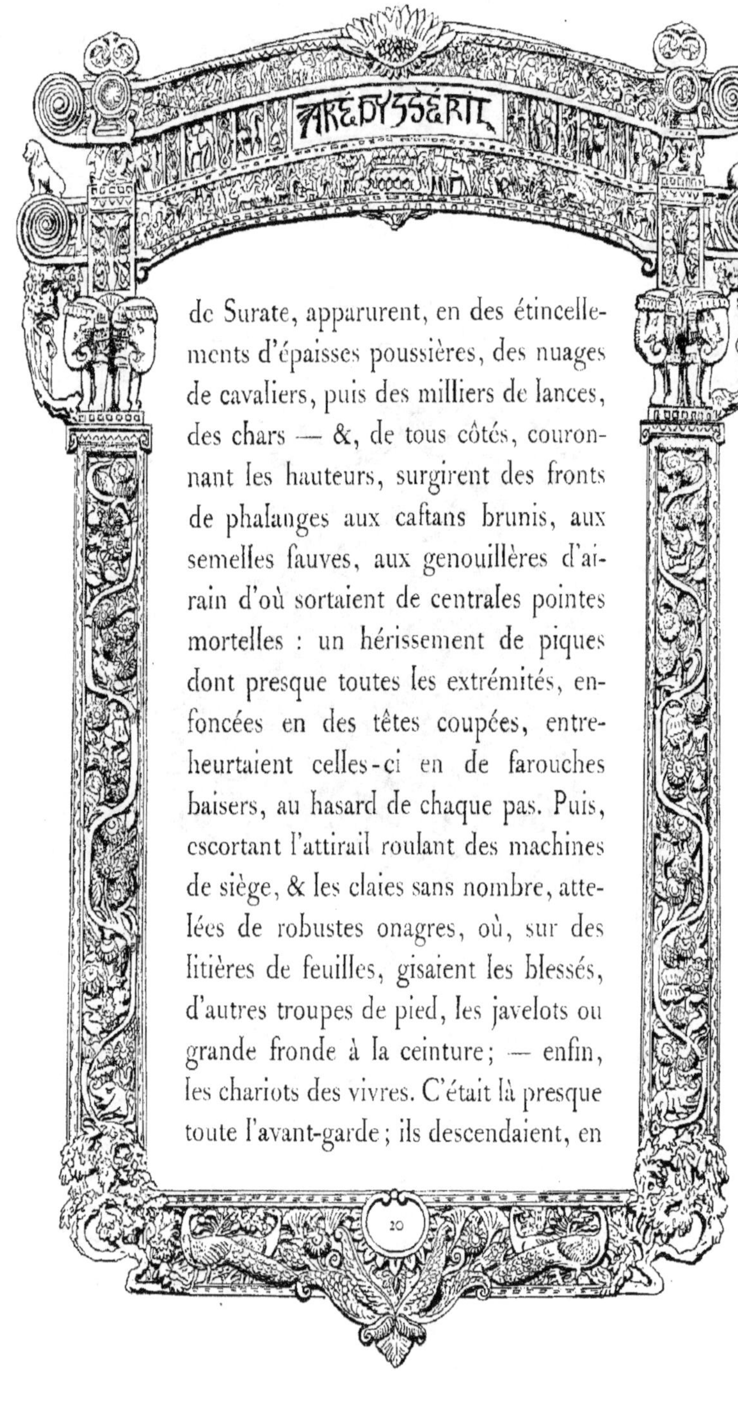

de Surate, apparurent, en des étincelle-
ments d'épaisses poussières, des nuages
de cavaliers, puis des milliers de lances,
des chars — &, de tous côtés, couron-
nant les hauteurs, surgirent des fronts
de phalanges aux caftans brunis, aux
semelles fauves, aux genouillères d'airain d'où sortaient de centrales pointes
mortelles : un hérissement de piques
dont presque toutes les extrémités, en-
foncées en des têtes coupées, entre-
heurtaient celles-ci en de farouches
baisers, au hasard de chaque pas. Puis,
escortant l'attirail roulant des machines
de siège, & les claies sans nombre, atte-
lées de robustes onagres, où, sur des
litières de feuilles, gisaient les blessés,
d'autres troupes de pied, les javelots ou
grande fronde à la ceinture ; — enfin,
les chariots des vivres. C'était là presque
toute l'avant-garde ; ils descendaient, en

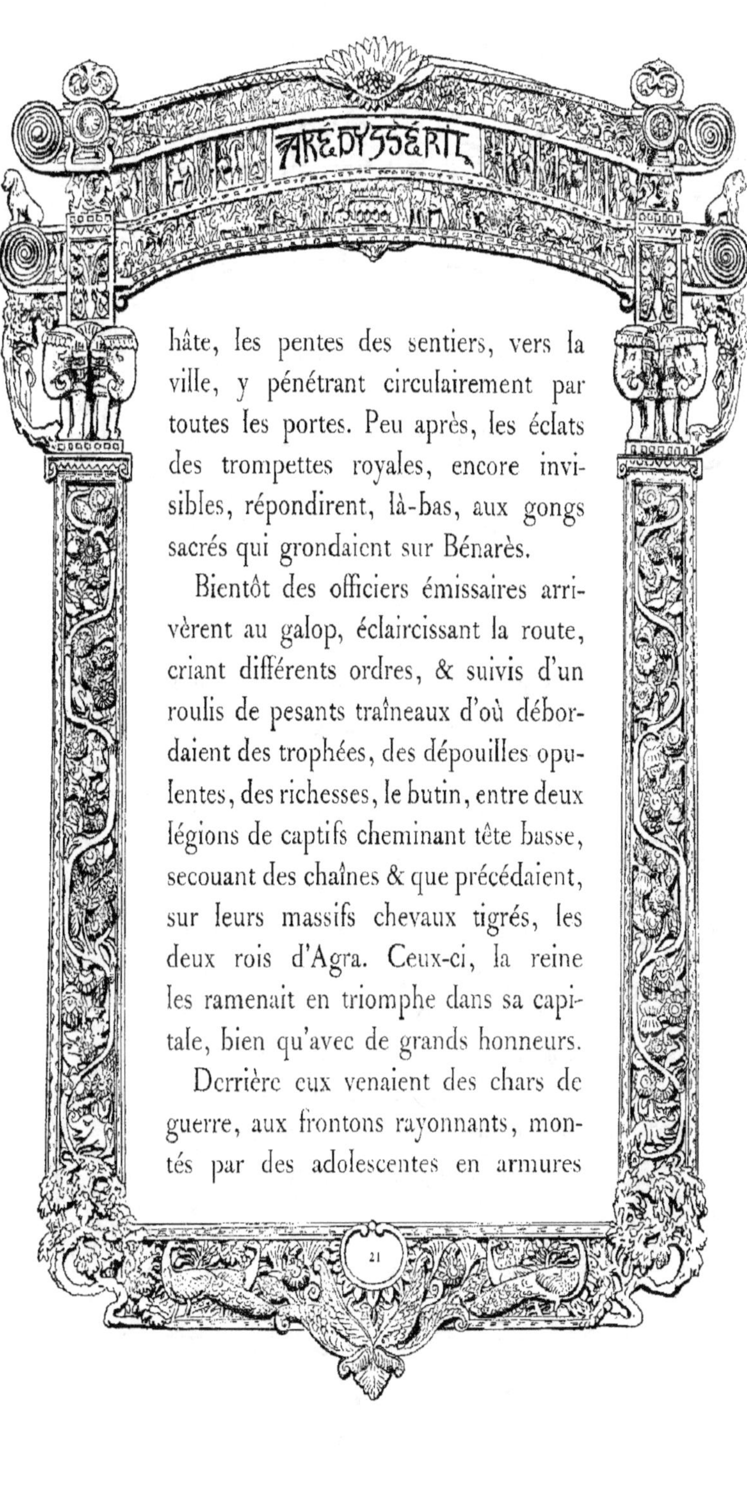

hâte, les pentes des sentiers, vers la ville, y pénétrant circulairement par toutes les portes. Peu après, les éclats des trompettes royales, encore invisibles, répondirent, là-bas, aux gongs sacrés qui grondaient sur Bénarès.

Bientôt des officiers émissaires arrivèrent au galop, éclaircissant la route, criant différents ordres, & suivis d'un roulis de pesants traîneaux d'où débordaient des trophées, des dépouilles opulentes, des richesses, le butin, entre deux légions de captifs cheminant tête basse, secouant des chaînes & que précédaient, sur leurs massifs chevaux tigrés, les deux rois d'Agra. Ceux-ci, la reine les ramenait en triomphe dans sa capitale, bien qu'avec de grands honneurs.

Derrière eux venaient des chars de guerre, aux frontons rayonnants, montés par des adolescentes en armures

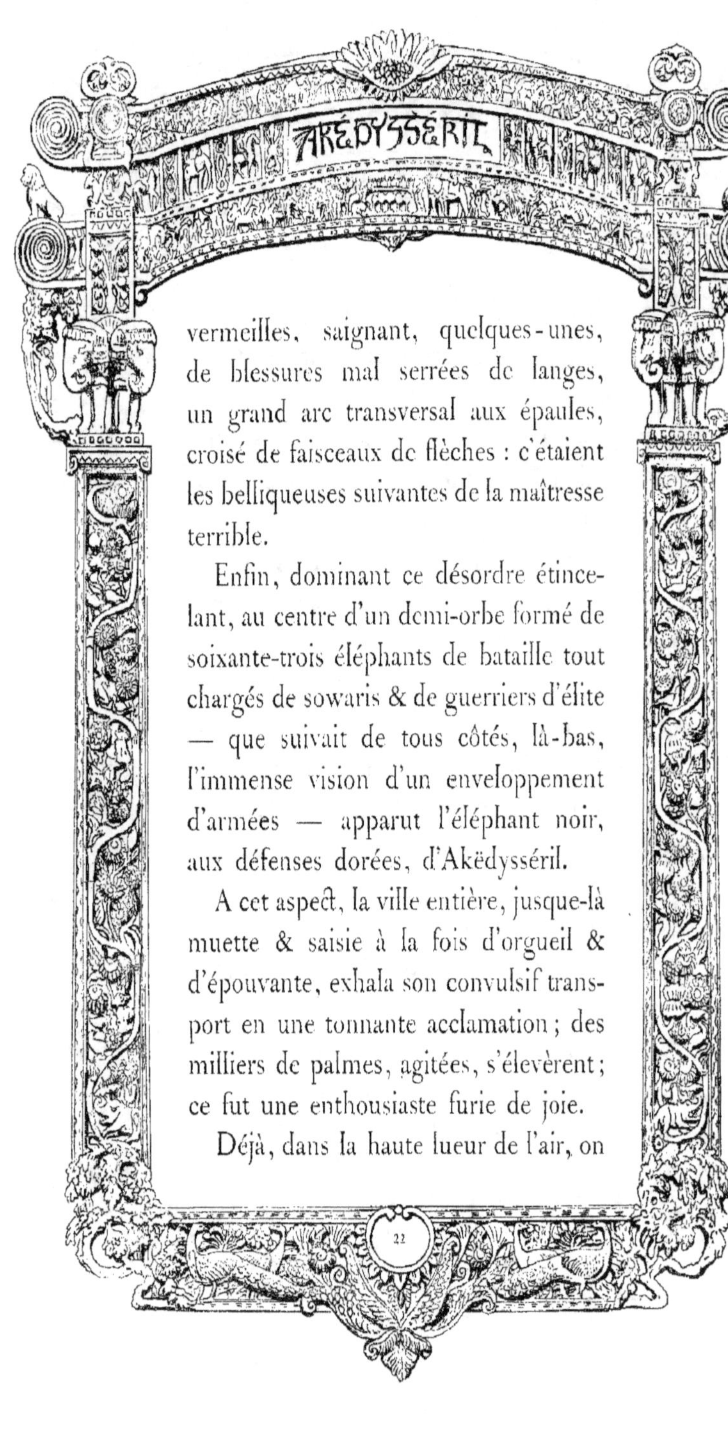

vermeilles, saignant, quelques-unes,
de blessures mal serrées de langes,
un grand arc transversal aux épaules,
croisé de faisceaux de flèches : c'étaient
les belliqueuses suivantes de la maîtresse
terrible.

Enfin, dominant ce désordre étince-
lant, au centre d'un demi-orbe formé de
soixante-trois éléphants de bataille tout
chargés de sowaris & de guerriers d'élite
— que suivait de tous côtés, là-bas,
l'immense vision d'un enveloppement
d'armées — apparut l'éléphant noir,
aux défenses dorées, d'Akëdysséril.

A cet aspect, la ville entière, jusque-là
muette & saisie à la fois d'orgueil &
d'épouvante, exhala son convulsif transport en une tonnante acclamation ; des
milliers de palmes, agitées, s'élevèrent ;
ce fut une enthousiaste furie de joie.

Déjà, dans la haute lueur de l'air, on

AREDYSSERIL

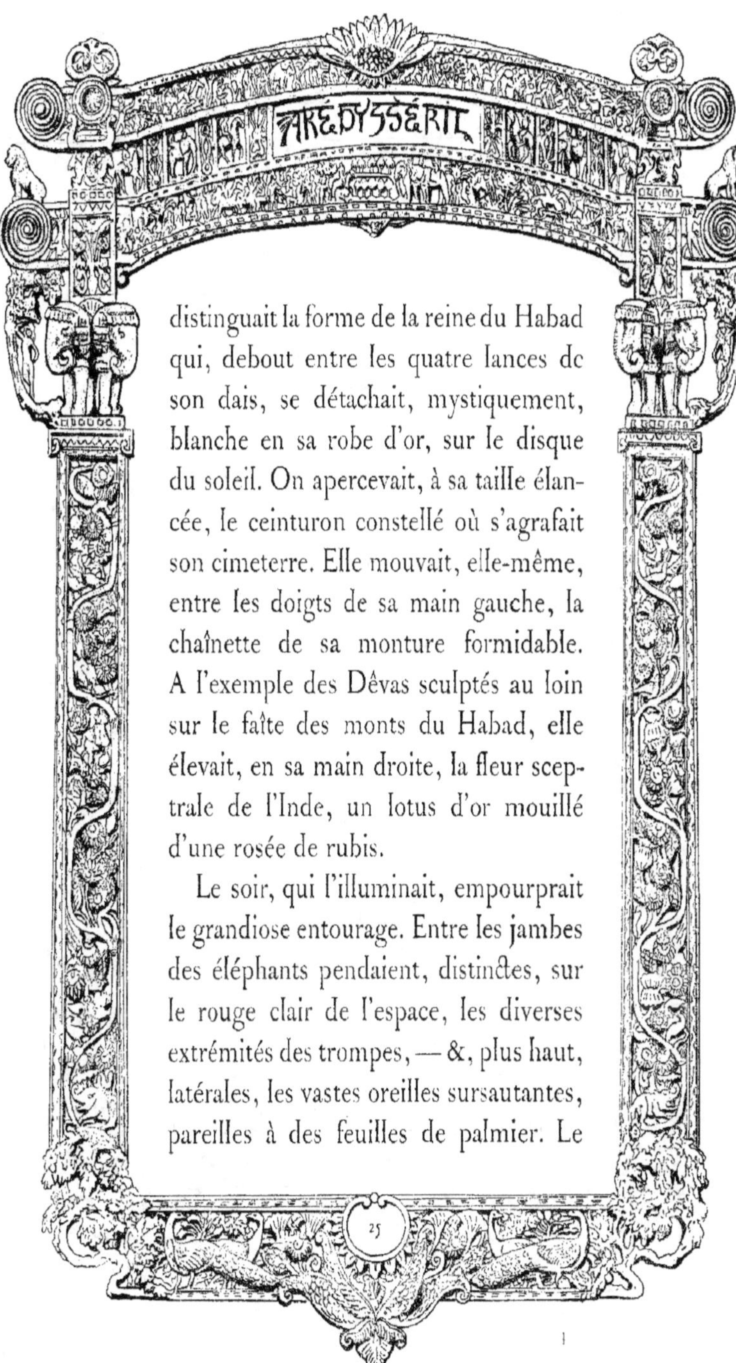

distinguait la forme de la reine du Habad
qui, debout entre les quatre lances de
son dais, se détachait, mystiquement,
blanche en sa robe d'or, sur le disque
du soleil. On apercevait, à sa taille élan-
cée, le ceinturon constellé où s'agrafait
son cimeterre. Elle mouvait, elle-même,
entre les doigts de sa main gauche, la
chaînette de sa monture formidable.
A l'exemple des Dêvas sculptés au loin
sur le faîte des monts du Habad, elle
élevait, en sa main droite, la fleur scep-
trale de l'Inde, un lotus d'or mouillé
d'une rosée de rubis.

Le soir, qui l'illuminait, empourprait
le grandiose entourage. Entre les jambes
des éléphants pendaient, distinctes, sur
le rouge clair de l'espace, les diverses
extrémités des trompes, — &, plus haut,
latérales, les vastes oreilles sursautantes,
pareilles à des feuilles de palmier. Le

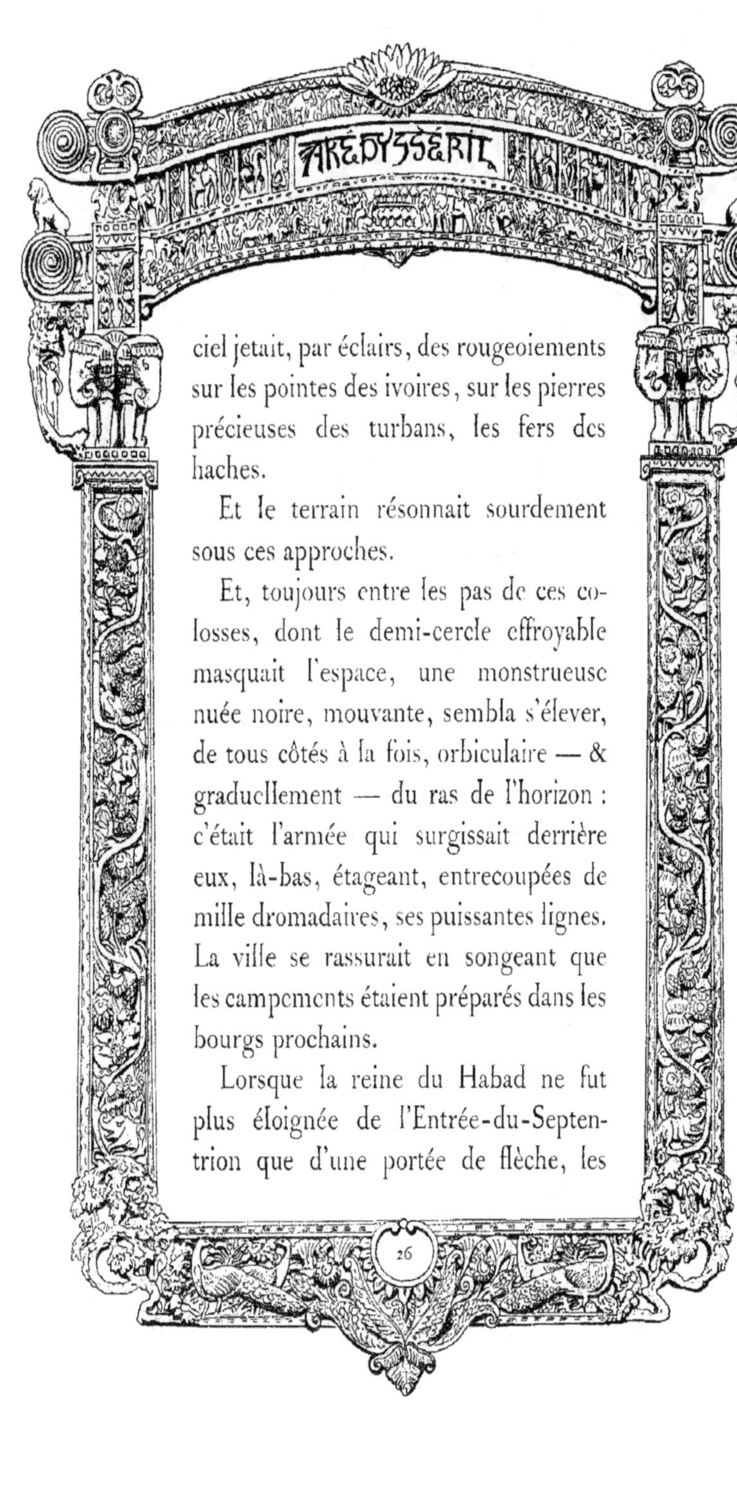

ciel jetait, par éclairs, des rougeoiements sur les pointes des ivoires, sur les pierres précieuses des turbans, les fers des haches.

Et le terrain résonnait sourdement sous ces approches.

Et, toujours entre les pas de ces colosses, dont le demi-cercle effroyable masquait l'espace, une monstrueuse nuée noire, mouvante, sembla s'élever, de tous côtés à la fois, orbiculaire — & graduellement — du ras de l'horizon : c'était l'armée qui surgissait derrière eux, là-bas, étageant, entrecoupées de mille dromadaires, ses puissantes lignes. La ville se rassurait en songeant que les campements étaient préparés dans les bourgs prochains.

Lorsque la reine du Habad ne fut plus éloignée de l'Entrée-du-Septentrion que d'une portée de flèche, les

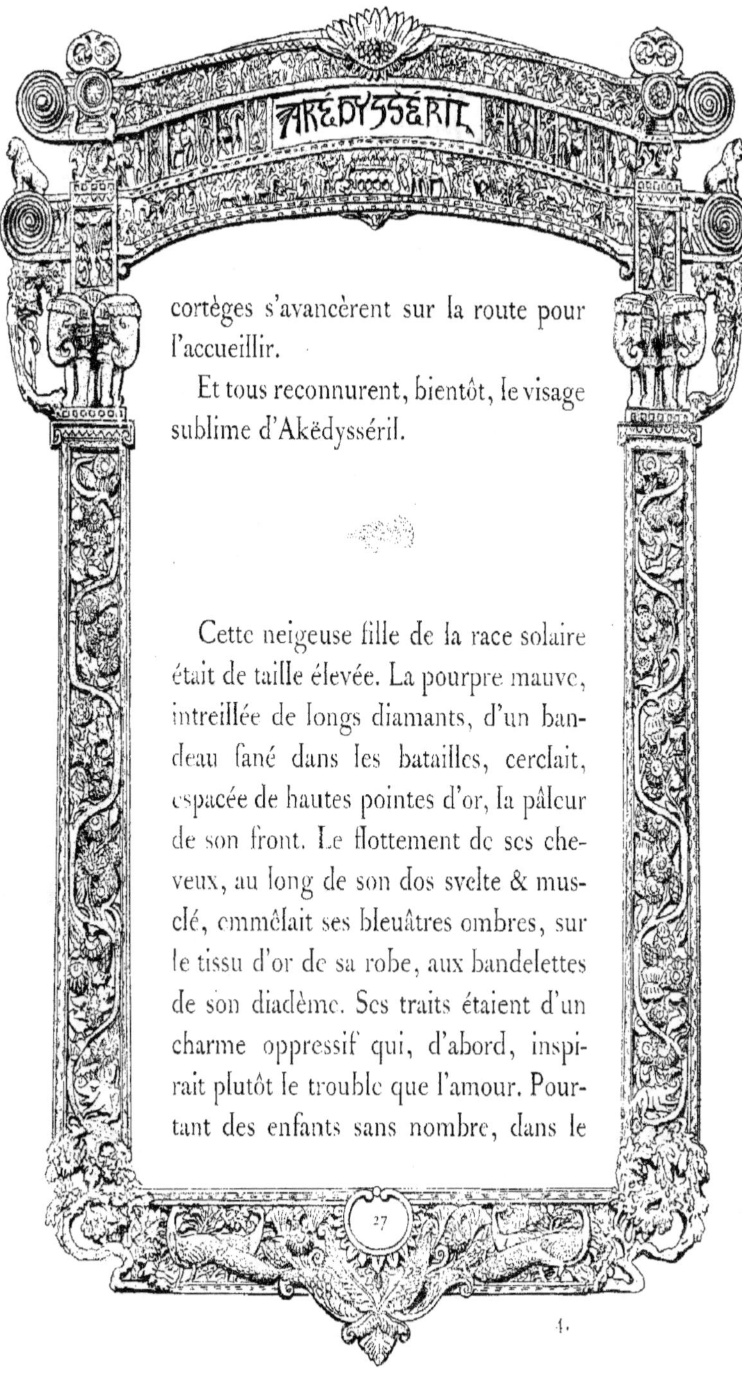

cortéges s'avancèrent sur la route pour l'accueillir.

Et tous reconnurent, bientôt, le visage sublime d'Akëdysséril.

Cette neigeuse fille de la race solaire était de taille élevée. La pourpre mauve, intreillée de longs diamants, d'un bandeau fané dans les batailles, cerclait, espacée de hautes pointes d'or, la pâleur de son front. Le flottement de ses cheveux, au long de son dos svelte & musclé, emmêlait ses bleuâtres ombres, sur le tissu d'or de sa robe, aux bandelettes de son diadème. Ses traits étaient d'un charme oppressif qui, d'abord, inspirait plutôt le trouble que l'amour. Pourtant des enfants sans nombre, dans le

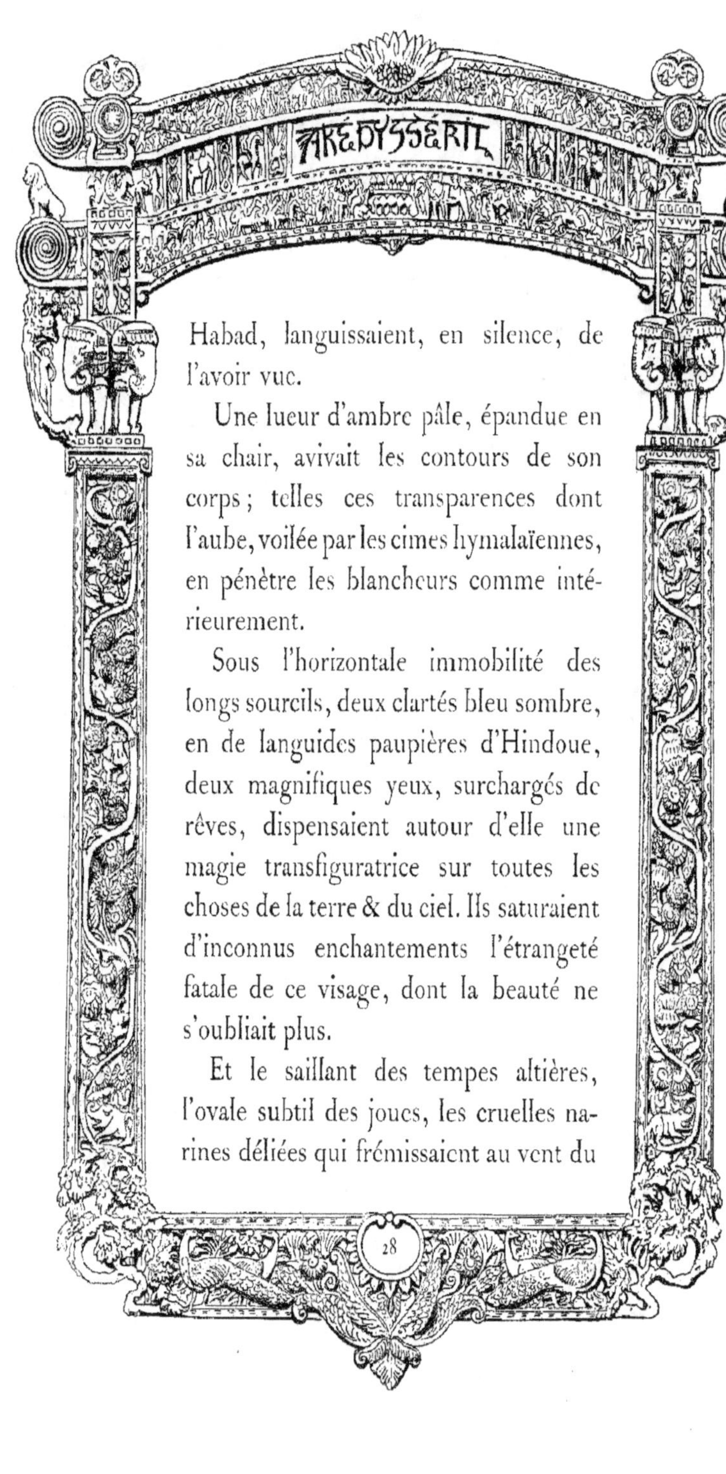

Habad, languissaient, en silence, de l'avoir vue.

Une lueur d'ambre pâle, épandue en sa chair, avivait les contours de son corps ; telles ces transparences dont l'aube, voilée par les cimes hymalaïennes, en pénètre les blancheurs comme intérieurement.

Sous l'horizontale immobilité des longs sourcils, deux clartés bleu sombre, en de languides paupières d'Hindoue, deux magnifiques yeux, surchargés de rêves, dispensaient autour d'elle une magie transfiguratrice sur toutes les choses de la terre & du ciel. Ils saturaient d'inconnus enchantements l'étrangeté fatale de ce visage, dont la beauté ne s'oubliait plus.

Et le saillant des tempes altières, l'ovale subtil des joues, les cruelles narines déliées qui frémissaient au vent du

péril, la bouche touchée d'une lueur de
sang, le menton de spoliatrice taciturne,

ce sourire toujours grave où brillaient des
dents de panthère, tout cet ensemble,
ainsi voilé de lointains sombres, deve-
nait de la plus magnétique séduction
lorsqu'on avait subi le rayonnement de
ses yeux étoilés.

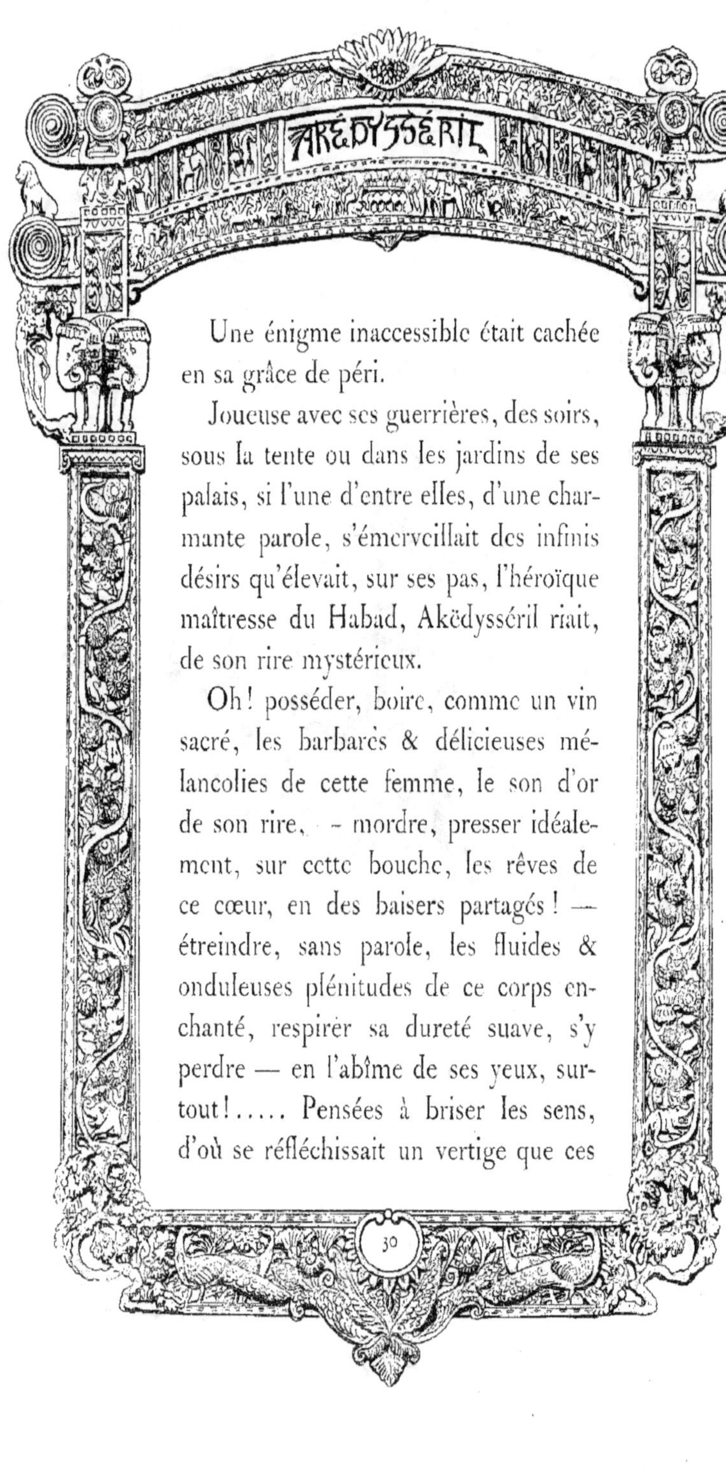

Une énigme inaccessible était cachée en sa grâce de péri.

Joueuse avec ses guerrières, des soirs, sous la tente ou dans les jardins de ses palais, si l'une d'entre elles, d'une charmante parole, s'émerveillait des infinis désirs qu'élevait, sur ses pas, l'héroïque maîtresse du Habad, Akëdysséril riait, de son rire mystérieux.

Oh! posséder, boire, comme un vin sacré, les barbares & délicieuses mélancolies de cette femme, le son d'or de son rire, — mordre, presser idéalement, sur cette bouche, les rêves de ce cœur, en des baisers partagés! — étreindre, sans parole, les fluides & onduleuses plénitudes de ce corps enchanté, respirer sa dureté suave, s'y perdre — en l'abîme de ses yeux, surtout!..... Pensées à briser les sens, d'où se réfléchissait un vertige que ces

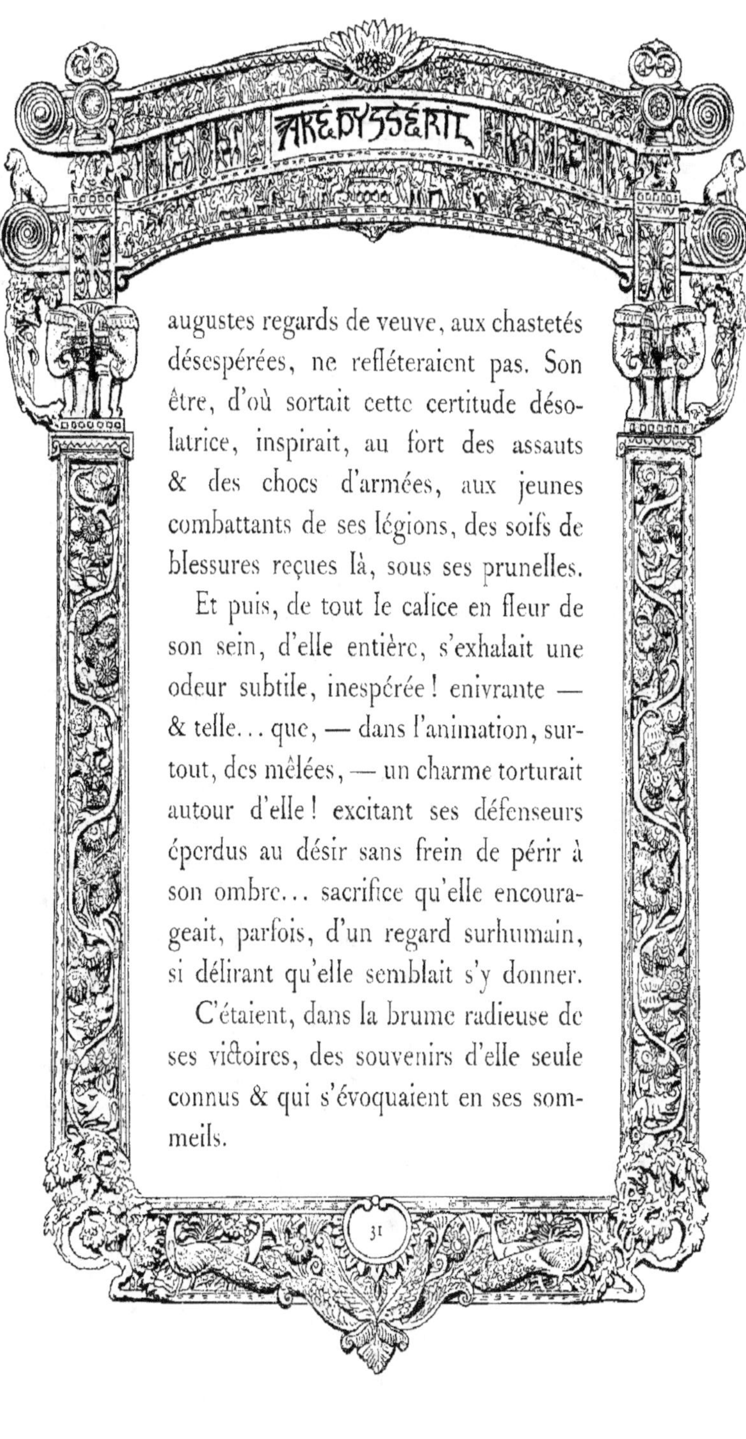

augustes regards de veuve, aux chastetés désespérées, ne refléteraient pas. Son être, d'où sortait cette certitude désolatrice, inspirait, au fort des assauts & des chocs d'armées, aux jeunes combattants de ses légions, des soifs de blessures reçues là, sous ses prunelles.

Et puis, de tout le calice en fleur de son sein, d'elle entière, s'exhalait une odeur subtile, inespérée! enivrante — & telle... que, — dans l'animation, surtout, des mêlées, — un charme torturait autour d'elle! excitant ses défenseurs éperdus au désir sans frein de périr à son ombre... sacrifice qu'elle encourageait, parfois, d'un regard surhumain, si délirant qu'elle semblait s'y donner.

C'étaient, dans la brume radieuse de ses victoires, des souvenirs d'elle seule connus & qui s'évoquaient en ses sommeils.

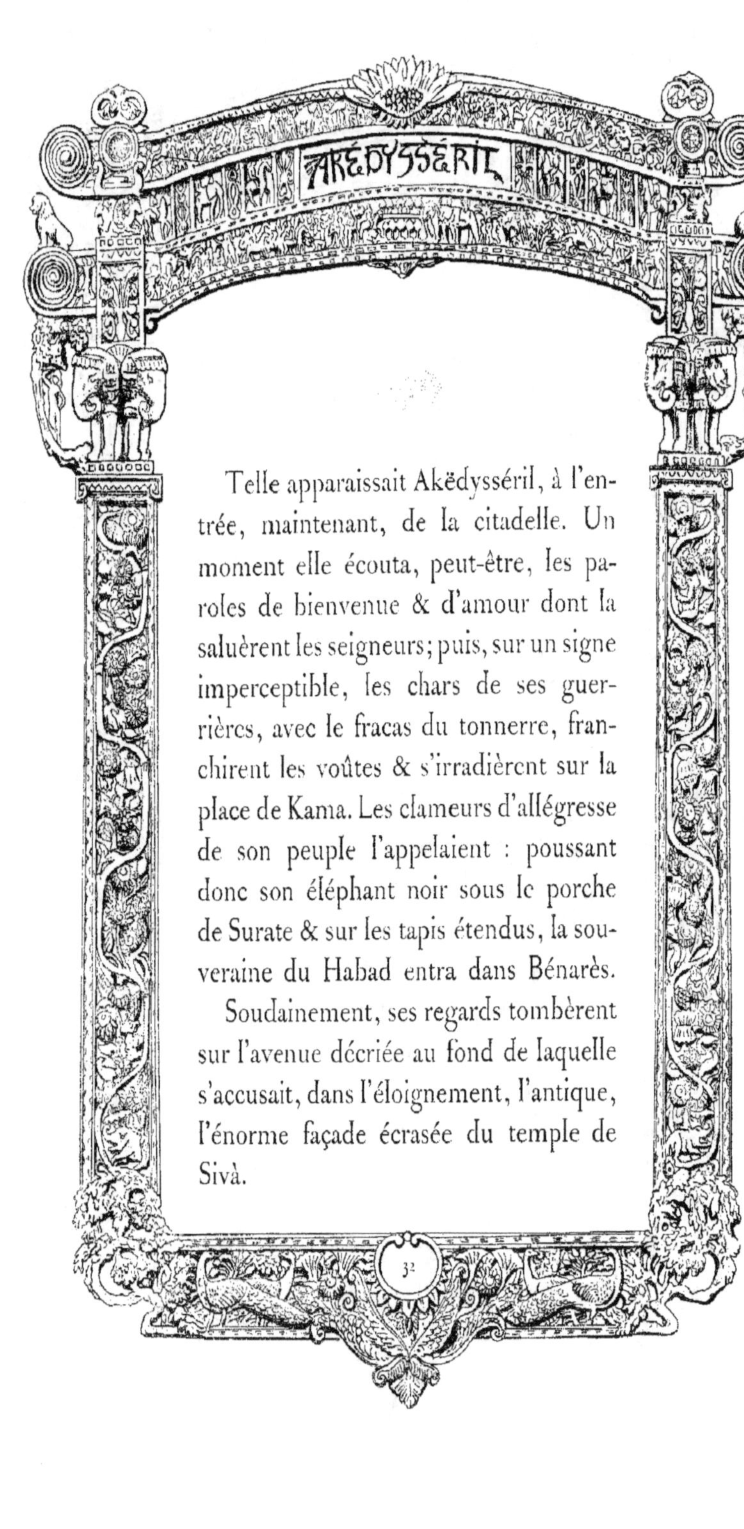

Telle apparaissait Akëdysséril, à l'entrée, maintenant, de la citadelle. Un moment elle écouta, peut-être, les paroles de bienvenue & d'amour dont la saluèrent les seigneurs; puis, sur un signe imperceptible, les chars de ses guerrières, avec le fracas du tonnerre, franchirent les voûtes & s'irradièrent sur la place de Kama. Les clameurs d'allégresse de son peuple l'appelaient : poussant donc son éléphant noir sous le porche de Surate & sur les tapis étendus, la souveraine du Habad entra dans Bénarès.

Soudainement, ses regards tombèrent sur l'avenue décriée au fond de laquelle s'accusait, dans l'éloignement, l'antique, l'énorme façade écrasée du temple de Sivà.

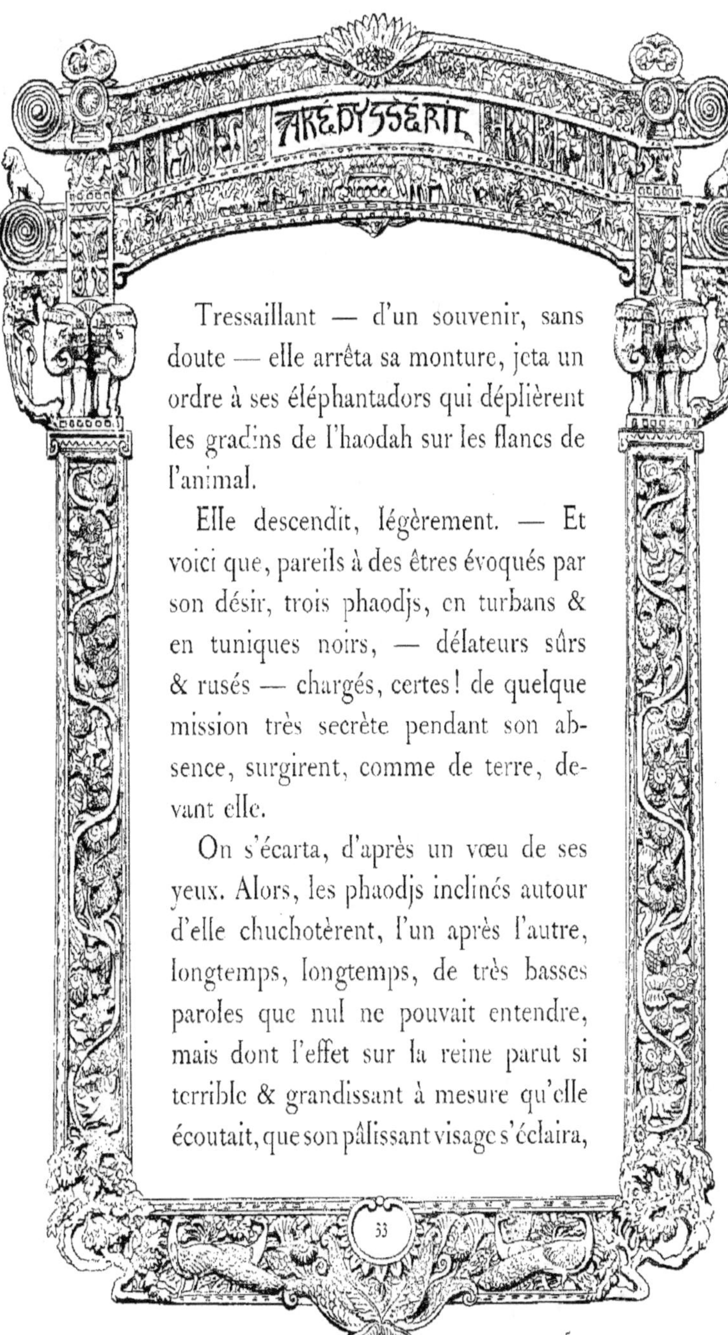

Tressaillant — d'un souvenir, sans doute — elle arrêta sa monture, jeta un ordre à ses éléphantadors qui déplièrent les gradins de l'haodah sur les flancs de l'animal.

Elle descendit, légèrement. — Et voici que, pareils à des êtres évoqués par son désir, trois phaodjs, en turbans & en tuniques noirs, — délateurs sûrs & rusés — chargés, certes! de quelque mission très secrète pendant son absence, surgirent, comme de terre, devant elle.

On s'écarta, d'après un vœu de ses yeux. Alors, les phaodjs inclinés autour d'elle chuchotèrent, l'un après l'autre, longtemps, longtemps, de très basses paroles que nul ne pouvait entendre, mais dont l'effet sur la reine parut si terrible & grandissant à mesure qu'elle écoutait, que son pâlissant visage s'éclaira,

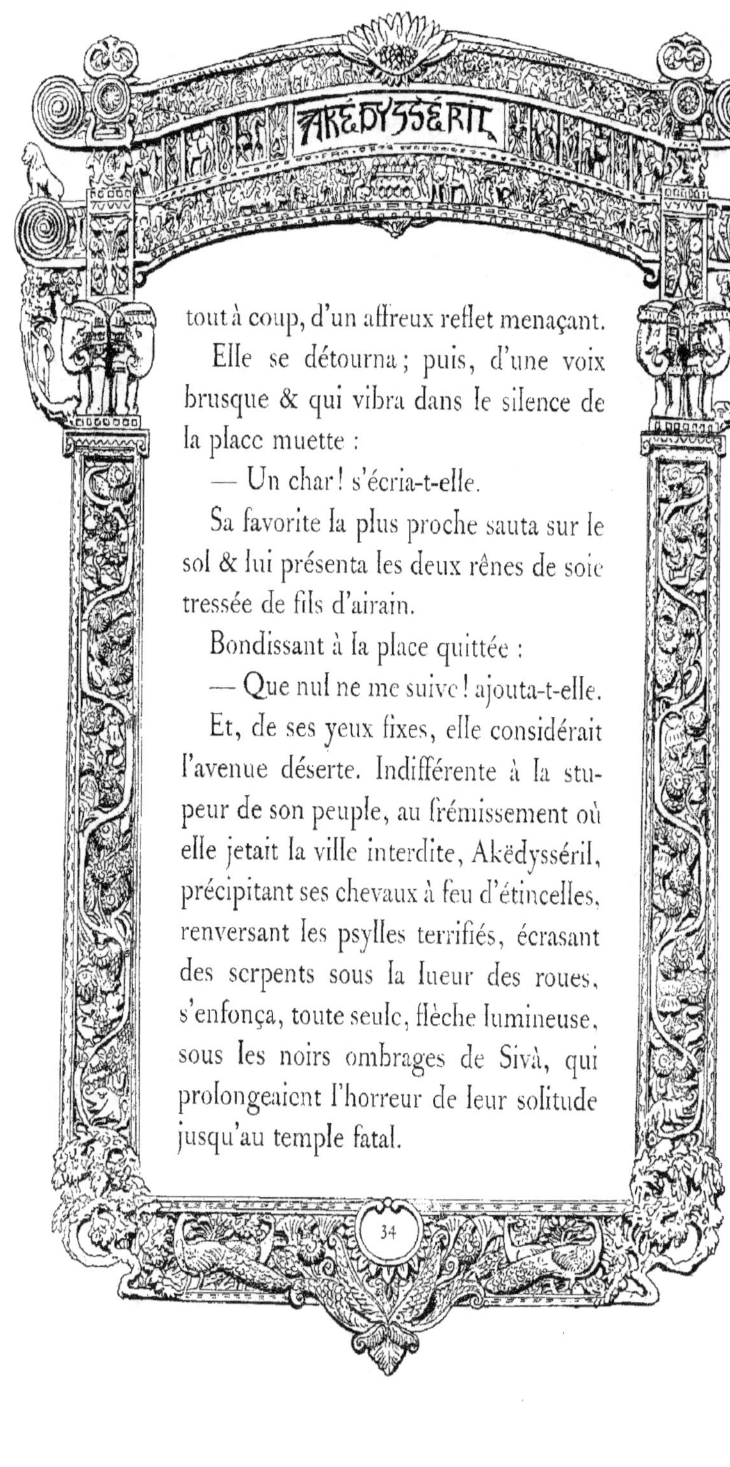

tout à coup, d'un affreux reflet menaçant.

Elle se détourna ; puis, d'une voix brusque & qui vibra dans le silence de la place muette :

— Un char ! s'écria-t-elle.

Sa favorite la plus proche sauta sur le sol & lui présenta les deux rênes de soie tressée de fils d'airain.

Bondissant à la place quittée :

— Que nul ne me suive ! ajouta-t-elle.

Et, de ses yeux fixes, elle considérait l'avenue déserte. Indifférente à la stupeur de son peuple, au frémissement où elle jetait la ville interdite, Akëdysséril, précipitant ses chevaux à feu d'étincelles, renversant les psylles terrifiés, écrasant des serpents sous la lueur des roues, s'enfonça, toute seule, flèche lumineuse, sous les noirs ombrages de Sivà, qui prolongeaient l'horreur de leur solitude jusqu'au temple fatal.

On la vit bientôt décroître, dans
l'éloignement, devenir une clarté, —

puis, comme une scintillation d'étoile...
Enfin, tous, confusément, l'aperçurent,

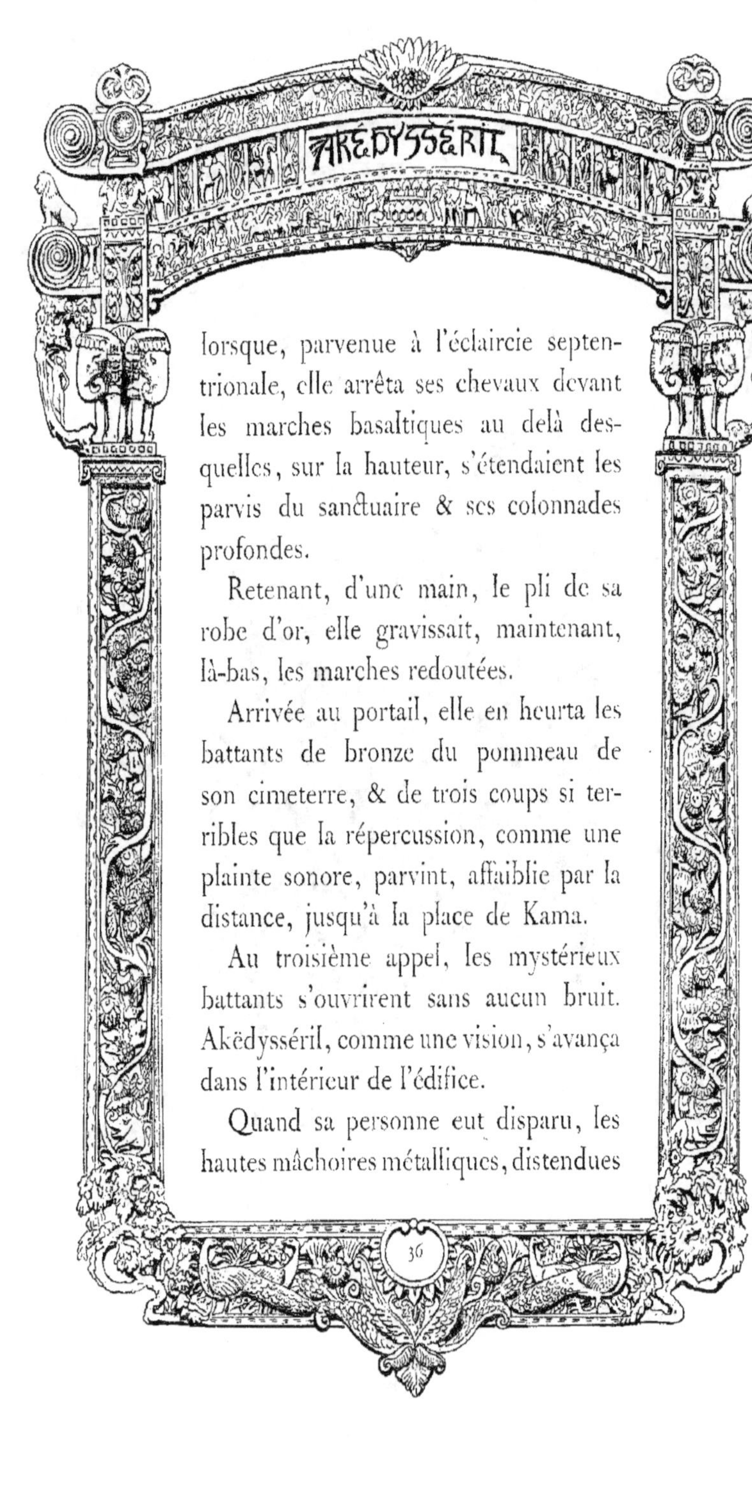

lorsque, parvenue à l'éclaircie septentrionale, elle arrêta ses chevaux devant les marches basaltiques au delà desquelles, sur la hauteur, s'étendaient les parvis du sanctuaire & ses colonnades profondes.

Retenant, d'une main, le pli de sa robe d'or, elle gravissait, maintenant, là-bas, les marches redoutées.

Arrivée au portail, elle en heurta les battants de bronze du pommeau de son cimeterre, & de trois coups si terribles que la répercussion, comme une plainte sonore, parvint, affaiblie par la distance, jusqu'à la place de Kama.

Au troisième appel, les mystérieux battants s'ouvrirent sans aucun bruit. Akëdysséril, comme une vision, s'avança dans l'intérieur de l'édifice.

Quand sa personne eut disparu, les hautes mâchoires métalliques, distendues

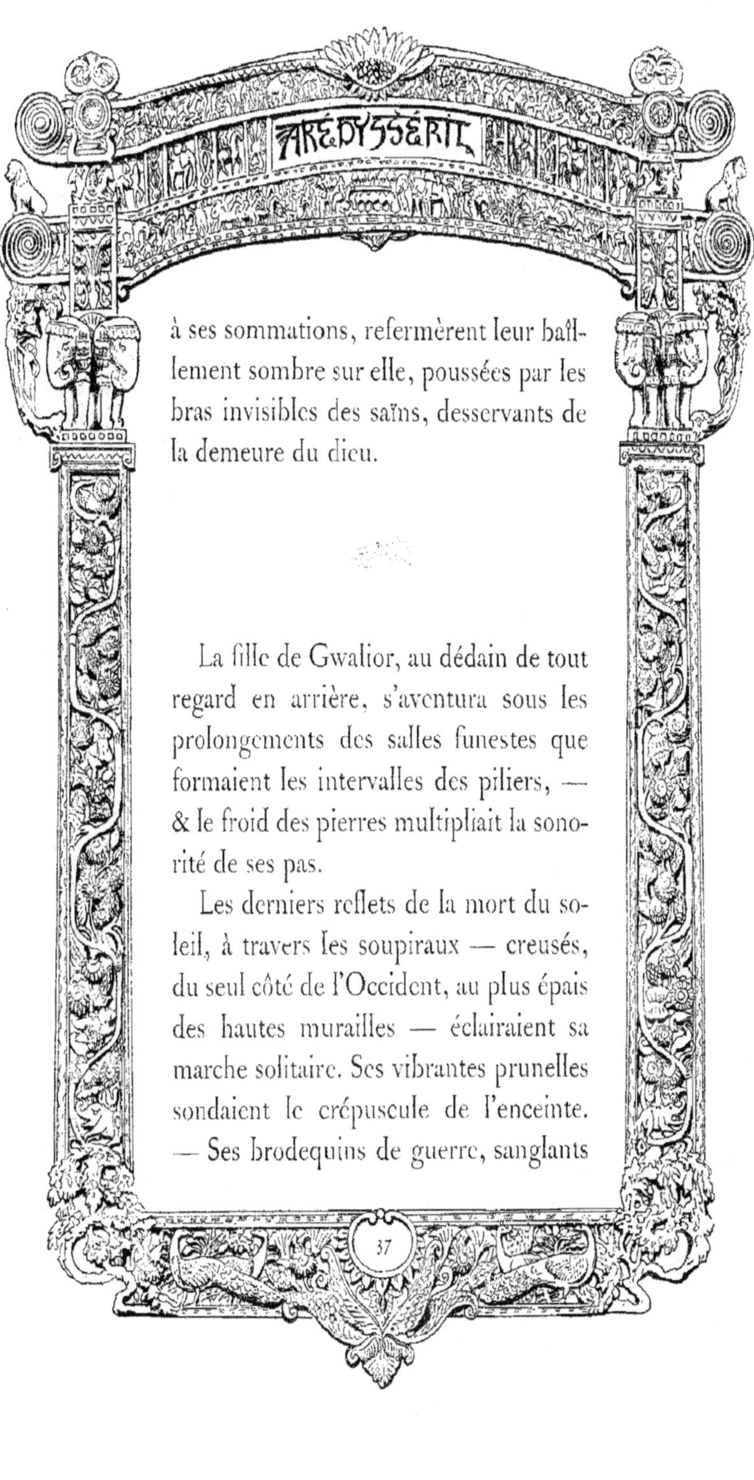

à ses sommations, refermèrent leur bâil-
lement sombre sur elle, poussées par les
bras invisibles des saïns, desservants de
la demeure du dieu.

La fille de Gwalior, au dédain de tout
regard en arrière, s'aventura sous les
prolongements des salles funestes que
formaient les intervalles des piliers, —
& le froid des pierres multipliait la sono-
rité de ses pas.

Les derniers reflets de la mort du soleil, à travers les soupiraux — creusés,
du seul côté de l'Occident, au plus épais
des hautes murailles — éclairaient sa
marche solitaire. Ses vibrantes prunelles
sondaient le crépuscule de l'enceinte.
— Ses brodequins de guerre, sanglants

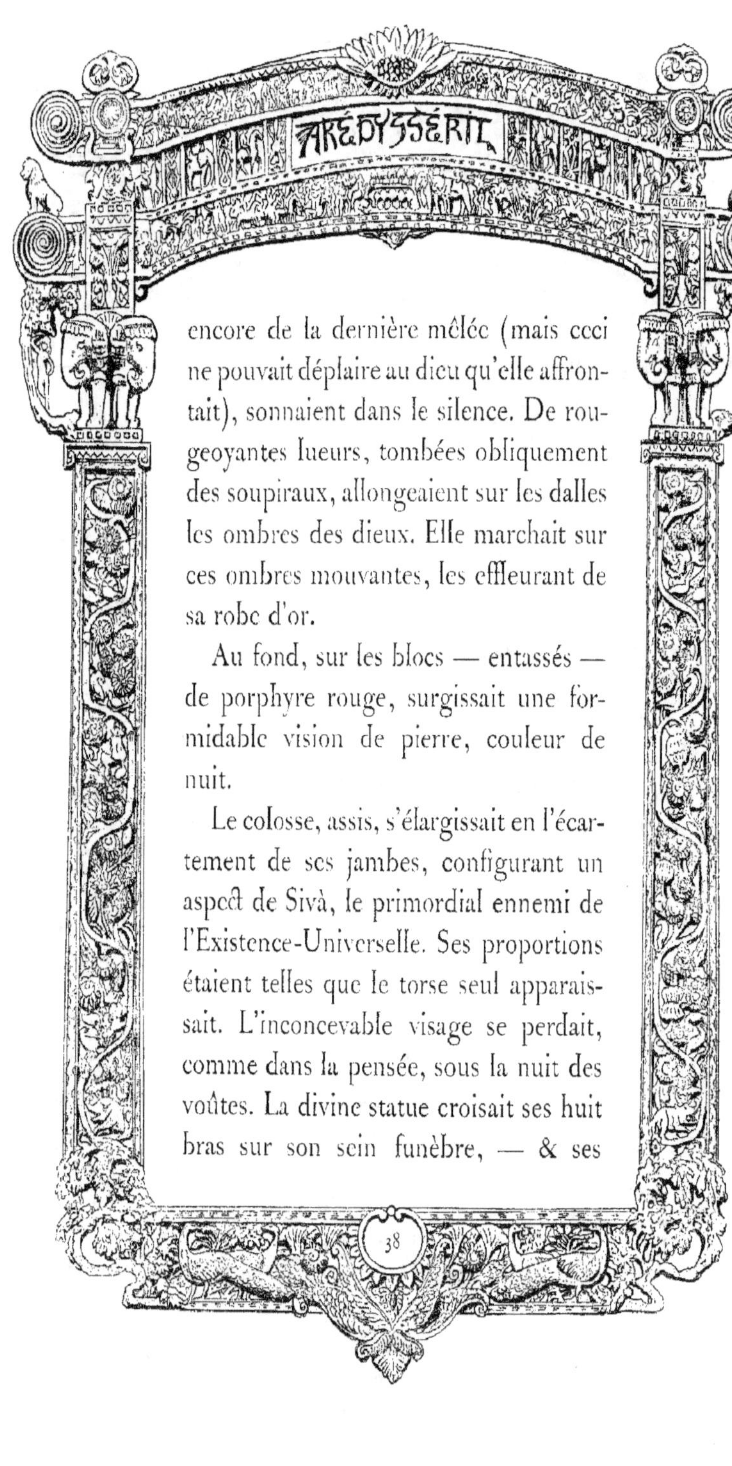

encore de la dernière mêlée (mais ceci ne pouvait déplaire au dieu qu'elle affrontait), sonnaient dans le silence. De rougeoyantes lueurs, tombées obliquement des soupiraux, allongeaient sur les dalles les ombres des dieux. Elle marchait sur ces ombres mouvantes, les effleurant de sa robe d'or.

Au fond, sur les blocs — entassés — de porphyre rouge, surgissait une formidable vision de pierre, couleur de nuit.

Le colosse, assis, s'élargissait en l'écartement de ses jambes, configurant un aspect de Sivà, le primordial ennemi de l'Existence-Universelle. Ses proportions étaient telles que le torse seul apparaissait. L'inconcevable visage se perdait, comme dans la pensée, sous la nuit des voûtes. La divine statue croisait ses huit bras sur son sein funèbre, — & ses

genoux, s'étendant à travers l'espace, touchaient, des deux côtés, les parois du sanctuaire. Sur l'ex-haussement de trois de-grés, de vastes pourpres tombaient, sus-pendues entre des piliers. Elles cachaient

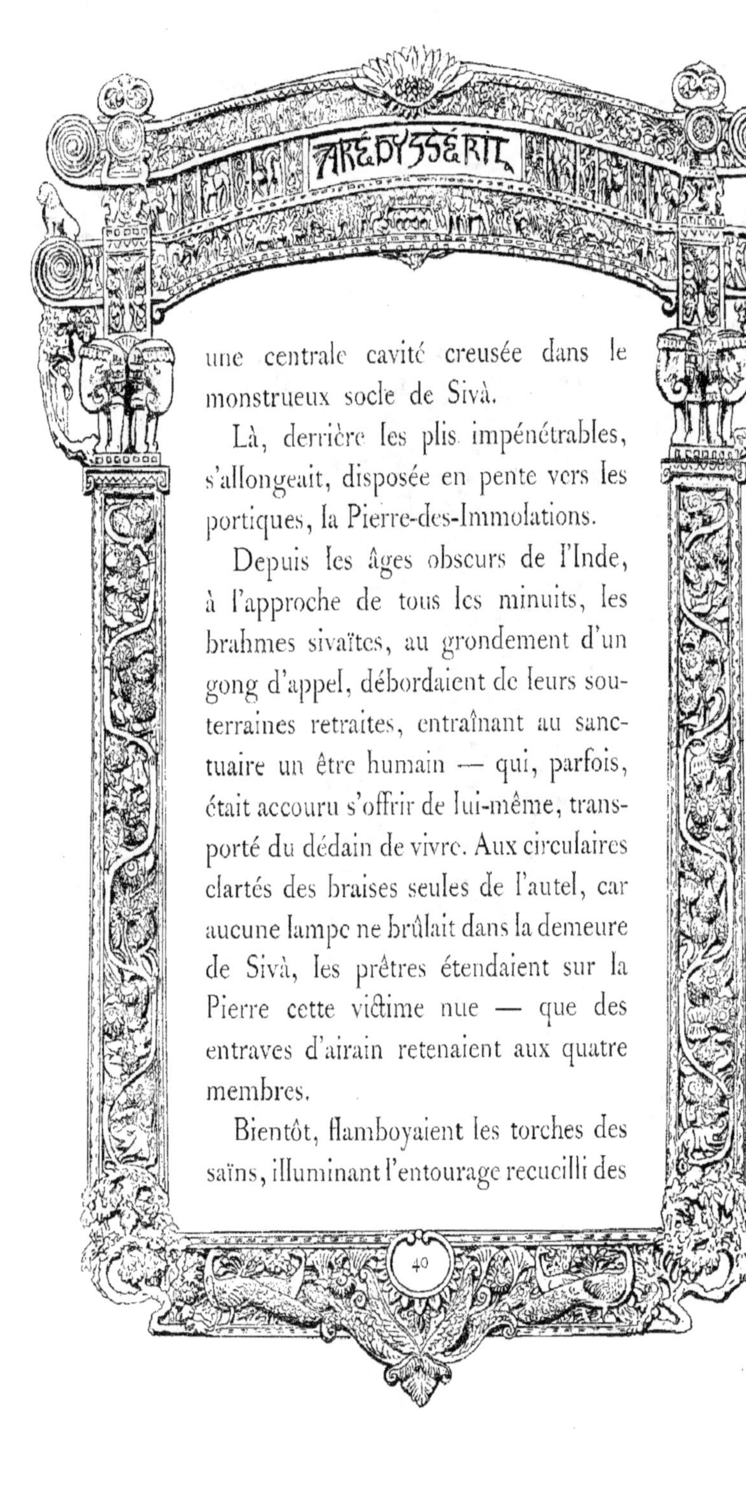

une centrale cavité creusée dans le monstrueux socle de Sivà.

Là, derrière les plis impénétrables, s'allongeait, disposée en pente vers les portiques, la Pierre-des-Immolations.

Depuis les âges obscurs de l'Inde, à l'approche de tous les minuits, les brahmes sivaïtes, au grondement d'un gong d'appel, débordaient de leurs souterraines retraites, entraînant au sanctuaire un être humain — qui, parfois, était accouru s'offrir de lui-même, transporté du dédain de vivre. Aux circulaires clartés des braises seules de l'autel, car aucune lampe ne brûlait dans la demeure de Sivà, les prêtres étendaient sur la Pierre cette victime nue — que des entraves d'airain retenaient aux quatre membres.

Bientôt, flamboyaient les torches des saïns, illuminant l'entourage recucilli des

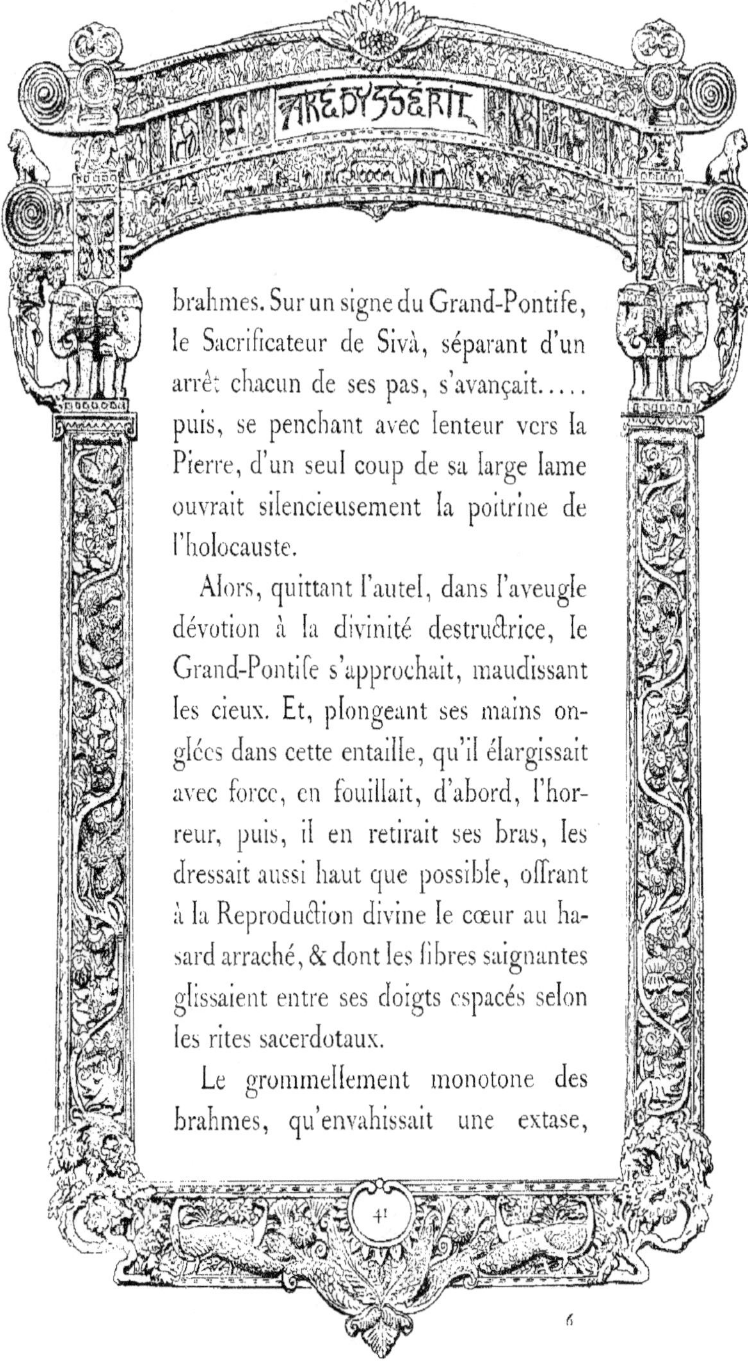

brahmes. Sur un signe du Grand-Pontife, le Sacrificateur de Sivà, séparant d'un arrêt chacun de ses pas, s'avançait..... puis, se penchant avec lenteur vers la Pierre, d'un seul coup de sa large lame ouvrait silencieusement la poitrine de l'holocauste.

Alors, quittant l'autel, dans l'aveugle dévotion à la divinité destructrice, le Grand-Pontife s'approchait, maudissant les cieux. Et, plongeant ses mains onglées dans cette entaille, qu'il élargissait avec force, en fouillait, d'abord, l'horreur, puis, il en retirait ses bras, les dressait aussi haut que possible, offrant à la Reproduction divine le cœur au hasard arraché, & dont les fibres saignantes glissaient entre ses doigts espacés selon les rites sacerdotaux.

Le grommellement monotone des brahmes, qu'envahissait une extase,

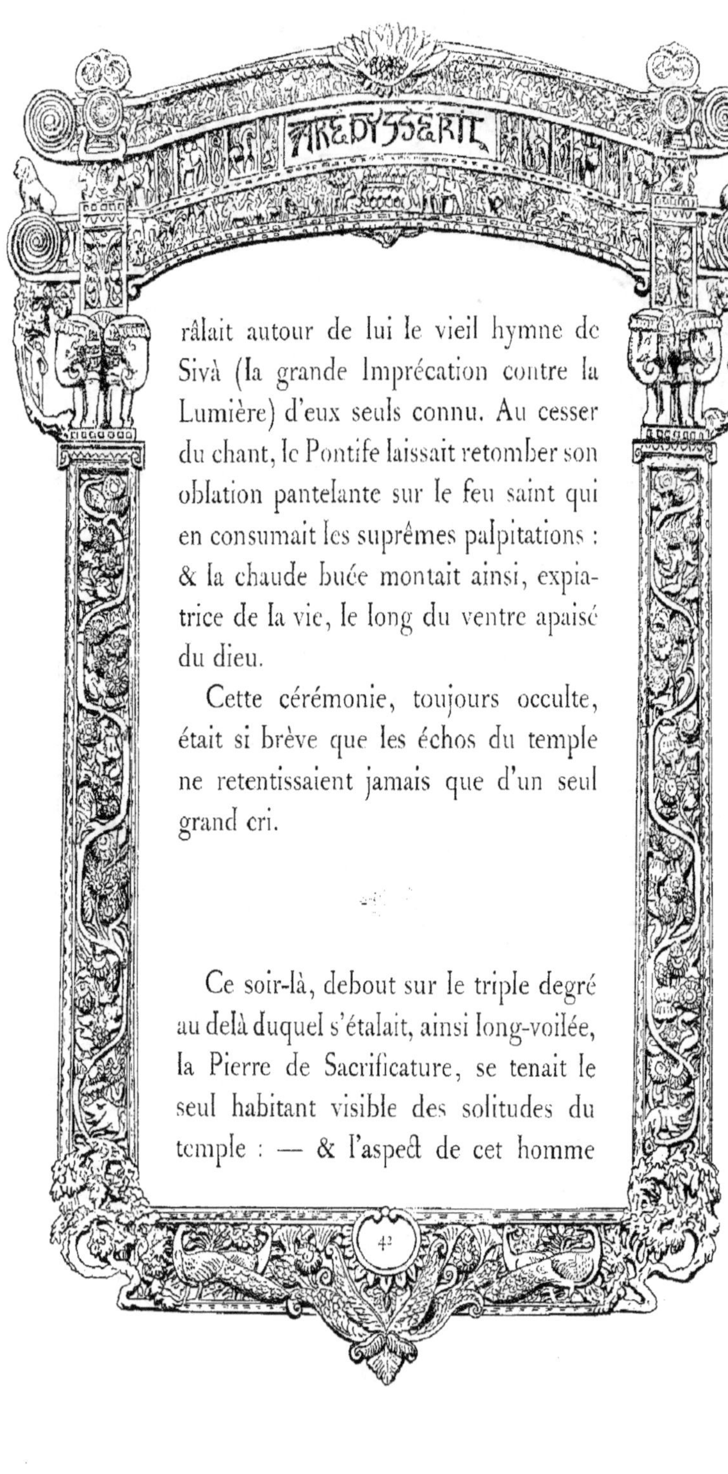

râlait autour de lui le vieil hymne de Sivà (la grande Imprécation contre la Lumière) d'eux seuls connu. Au cesser du chant, le Pontife laissait retomber son oblation pantelante sur le feu saint qui en consumait les suprêmes palpitations : & la chaude buée montait ainsi, expiatrice de la vie, le long du ventre apaisé du dieu.

Cette cérémonie, toujours occulte, était si brève que les échos du temple ne retentissaient jamais que d'un seul grand cri.

Ce soir-là, debout sur le triple degré au delà duquel s'étalait, ainsi long-voilée, la Pierre de Sacrificature, se tenait le seul habitant visible des solitudes du temple : — & l'aspect de cet homme

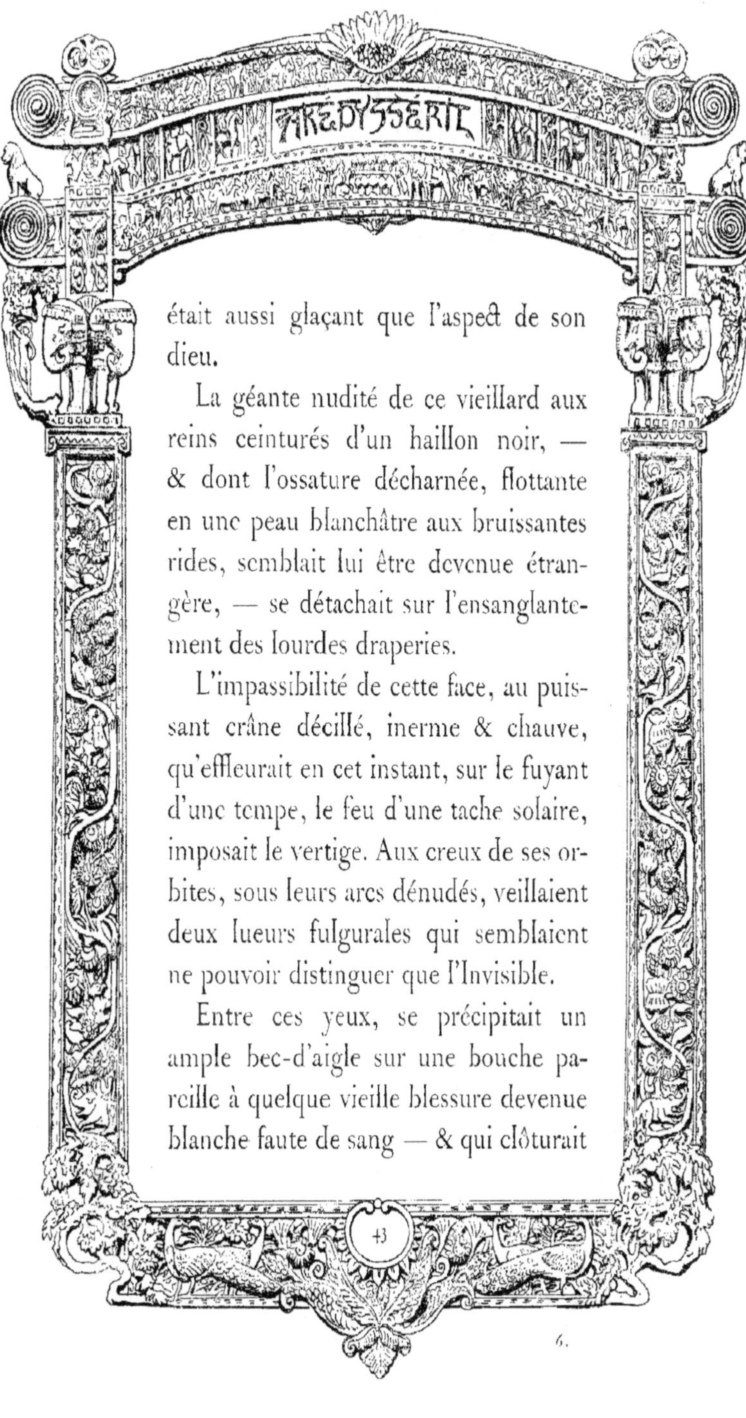

était aussi glaçant que l'aspect de son dieu.

La géante nudité de ce vieillard aux reins ceinturés d'un haillon noir, — & dont l'ossature décharnée, flottante en une peau blanchâtre aux bruissantes rides, semblait lui être devenue étrangère, — se détachait sur l'ensanglantement des lourdes draperies.

L'impassibilité de cette face, au puissant crâne décillé, inerme & chauve, qu'effleurait en cet instant, sur le fuyant d'une tempe, le feu d'une tache solaire, imposait le vertige. Aux creux de ses orbites, sous leurs arcs dénudés, veillaient deux lueurs fulgurales qui semblaient ne pouvoir distinguer que l'Invisible.

Entre ces yeux, se précipitait un ample bec-d'aigle sur une bouche pareille à quelque vieille blessure devenue blanche faute de sang — & qui clôturait

6.

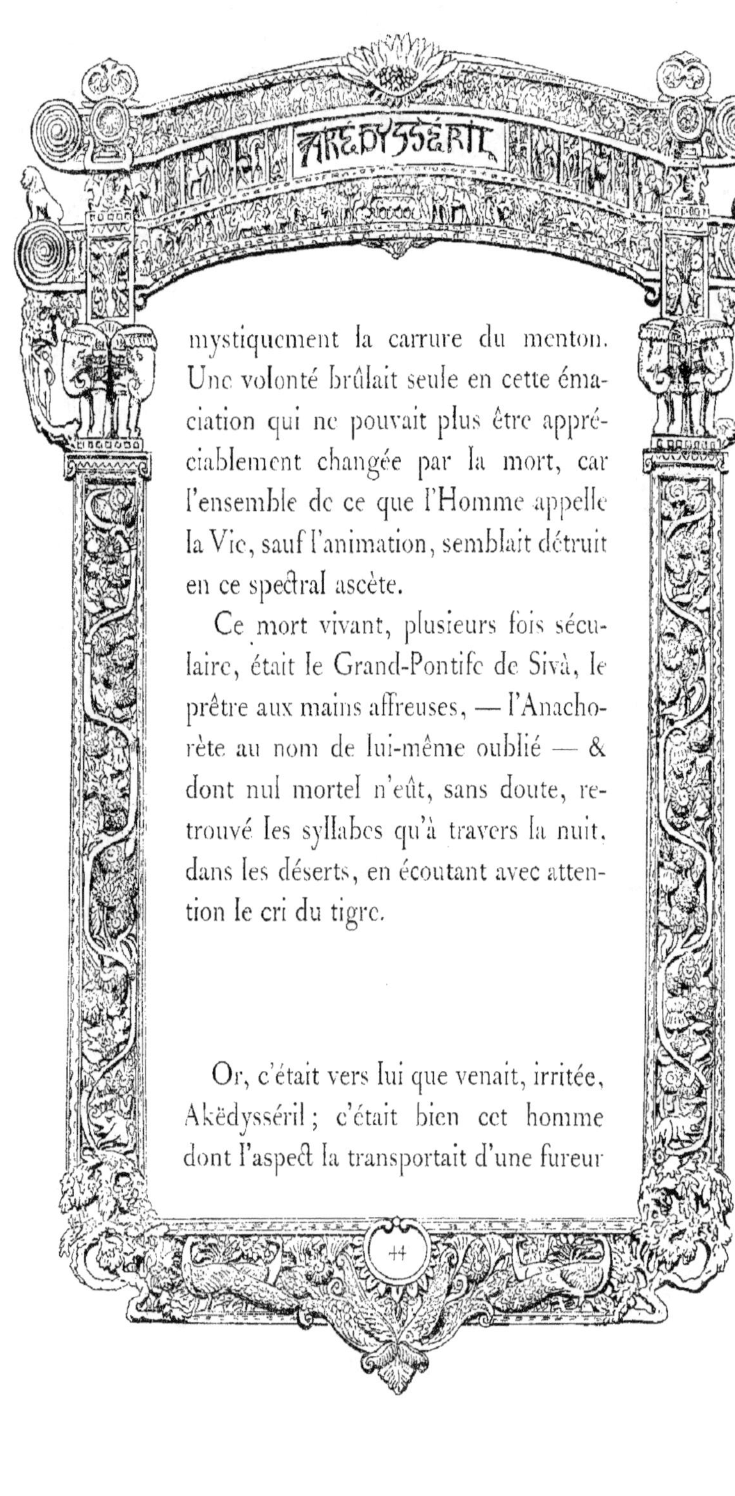

mystiquement la carrure du menton.
Une volonté brûlait seule en cette éma-
ciation qui ne pouvait plus être appré-
ciablement changée par la mort, car
l'ensemble de ce que l'Homme appelle
la Vie, sauf l'animation, semblait détruit
en ce spectral ascète.

Ce mort vivant, plusieurs fois sécu-
laire, était le Grand-Pontife de Sivà, le
prêtre aux mains affreuses, — l'Anacho-
rète au nom de lui-même oublié — &
dont nul mortel n'eût, sans doute, re-
trouvé les syllabes qu'à travers la nuit.
dans les déserts, en écoutant avec attention le cri du tigre.

Or, c'était vers lui que venait, irritée,
Akëdysséril ; c'était bien cet homme
dont l'aspect la transportait d'une fureur

AKÉDYSSÉRIL

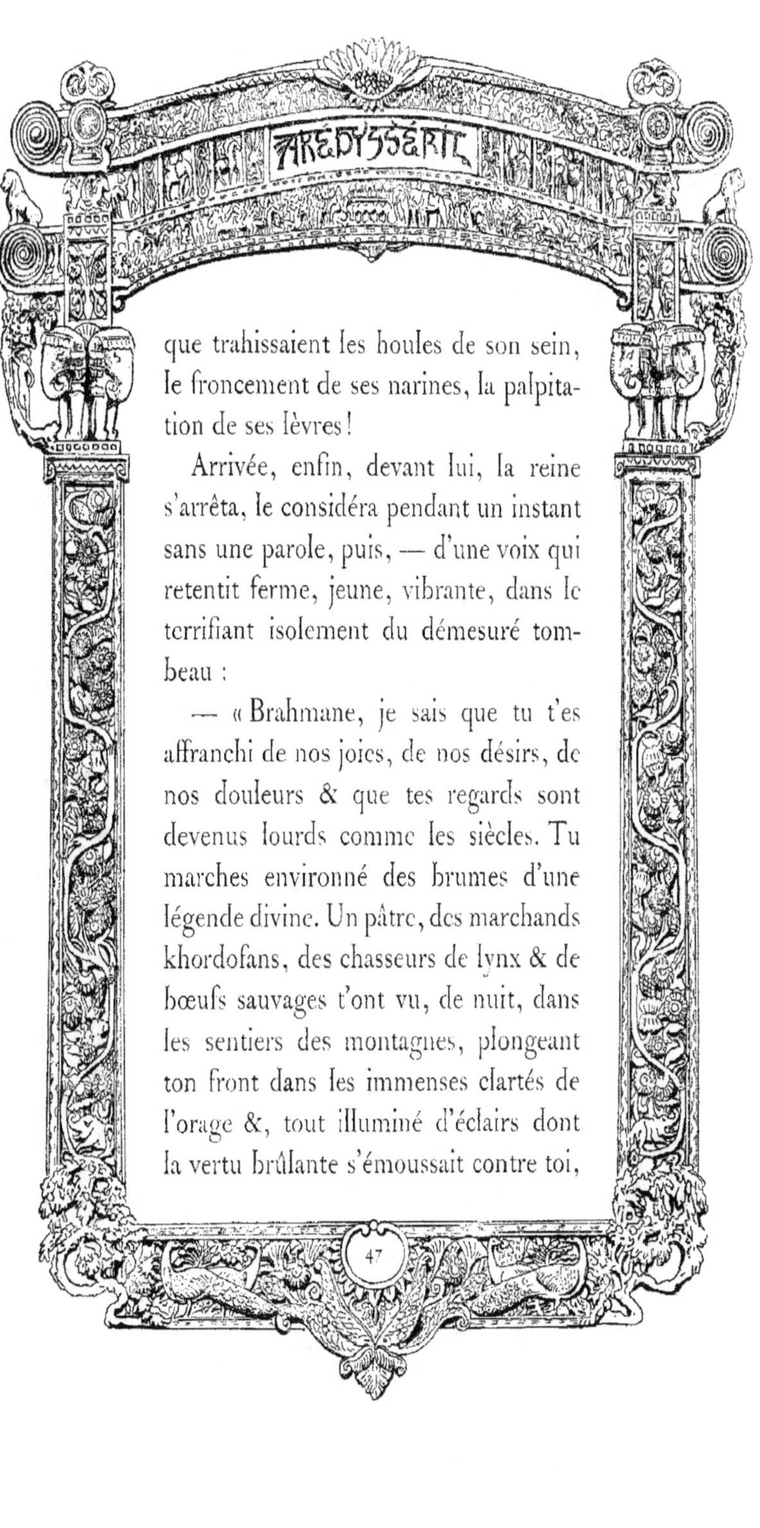

que trahissaient les houles de son sein,
le froncement de ses narines, la palpita-
tion de ses lèvres !

Arrivée, enfin, devant lui, la reine
s'arrêta, le considéra pendant un instant
sans une parole, puis, — d'une voix qui
retentit ferme, jeune, vibrante, dans le
terrifiant isolement du démesuré tombeau :

— « Brahmane, je sais que tu t'es
affranchi de nos joies, de nos désirs, de
nos douleurs & que tes regards sont
devenus lourds comme les siècles. Tu
marches environné des brumes d'une
légende divine. Un pâtre, des marchands
khordofans, des chasseurs de lynx & de
bœufs sauvages t'ont vu, de nuit, dans
les sentiers des montagnes, plongeant
ton front dans les immenses clartés de
l'orage &, tout illuminé d'éclairs dont
la vertu brûlante s'émoussait contre toi,

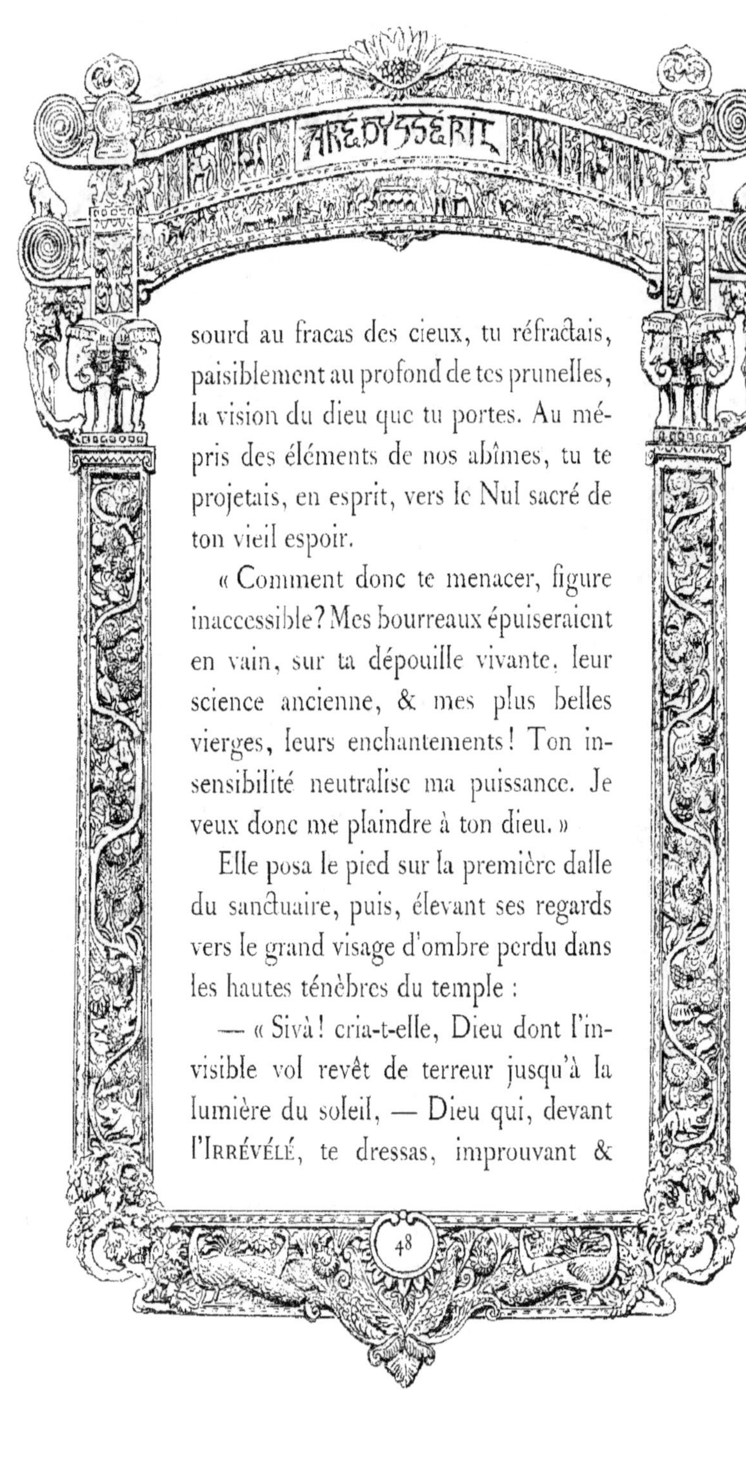

sourd au fracas des cieux, tu réfractais, paisiblement au profond de tes prunelles, la vision du dieu que tu portes. Au mépris des éléments de nos abîmes, tu te projetais, en esprit, vers le Nul sacré de ton vieil espoir.

« Comment donc te menacer, figure inaccessible? Mes bourreaux épuiseraient en vain, sur ta dépouille vivante, leur science ancienne, & mes plus belles vierges, leurs enchantements! Ton insensibilité neutralise ma puissance. Je veux donc me plaindre à ton dieu. »

Elle posa le pied sur la première dalle du sanctuaire, puis, élevant ses regards vers le grand visage d'ombre perdu dans les hautes ténèbres du temple :

— « Sivà! cria-t-elle, Dieu dont l'invisible vol revêt de terreur jusqu'à la lumière du soleil, — Dieu qui, devant l'Irrévélé, te dressas, improuvant &

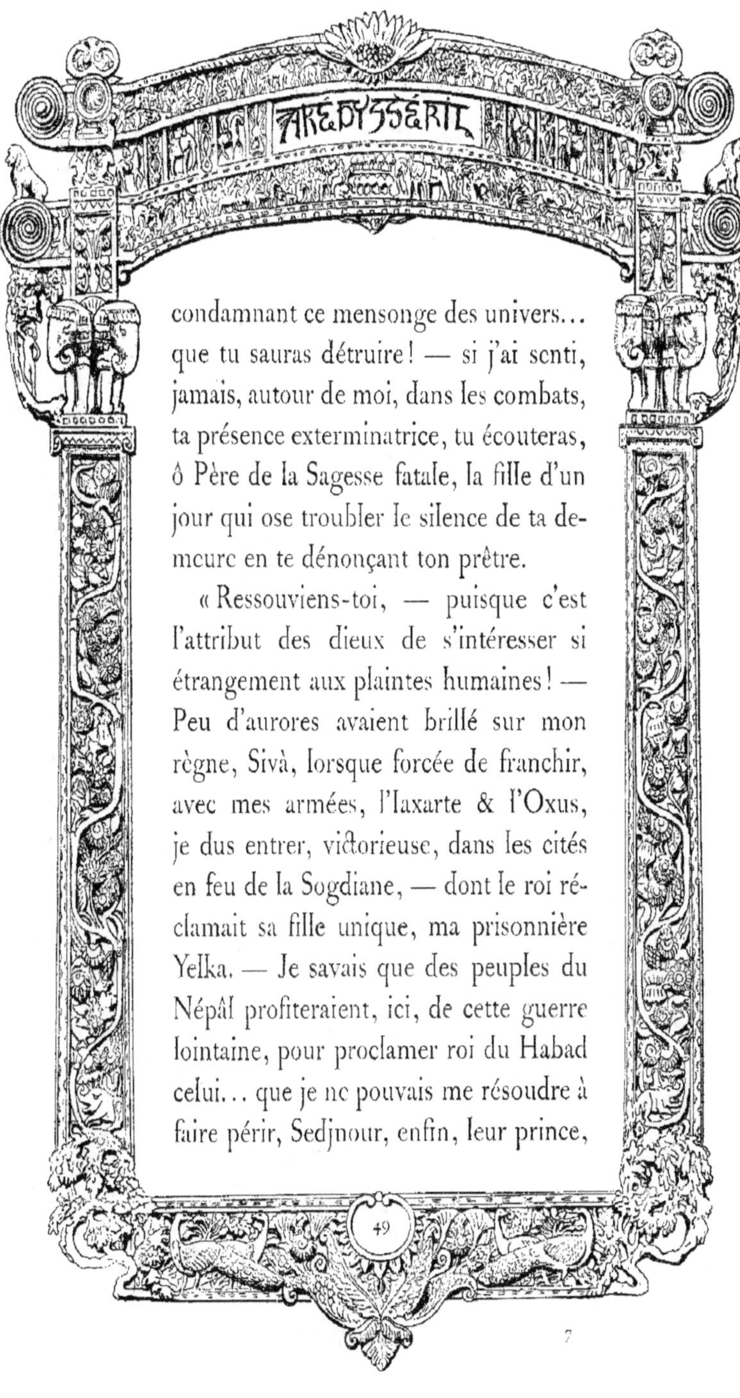

condamnant ce mensonge des univers…
que tu sauras détruire ! — si j'ai senti,
jamais, autour de moi, dans les combats,
ta présence exterminatrice, tu écouteras,
ô Père de la Sagesse fatale, la fille d'un
jour qui ose troubler le silence de ta demeure en te dénonçant ton prêtre.

« Ressouviens-toi, — puisque c'est
l'attribut des dieux de s'intéresser si
étrangement aux plaintes humaines ! —
Peu d'aurores avaient brillé sur mon
règne, Sivà, lorsque forcée de franchir,
avec mes armées, l'Iaxarte & l'Oxus,
je dus entrer, victorieuse, dans les cités
en feu de la Sogdiane, — dont le roi ré-
clamait sa fille unique, ma prisonnière
Yelka. — Je savais que des peuples du
Népâl profiteraient, ici, de cette guerre
lointaine, pour proclamer roi du Habad
celui… que je ne pouvais me résoudre à
faire périr, Sedjnour, enfin, leur prince,

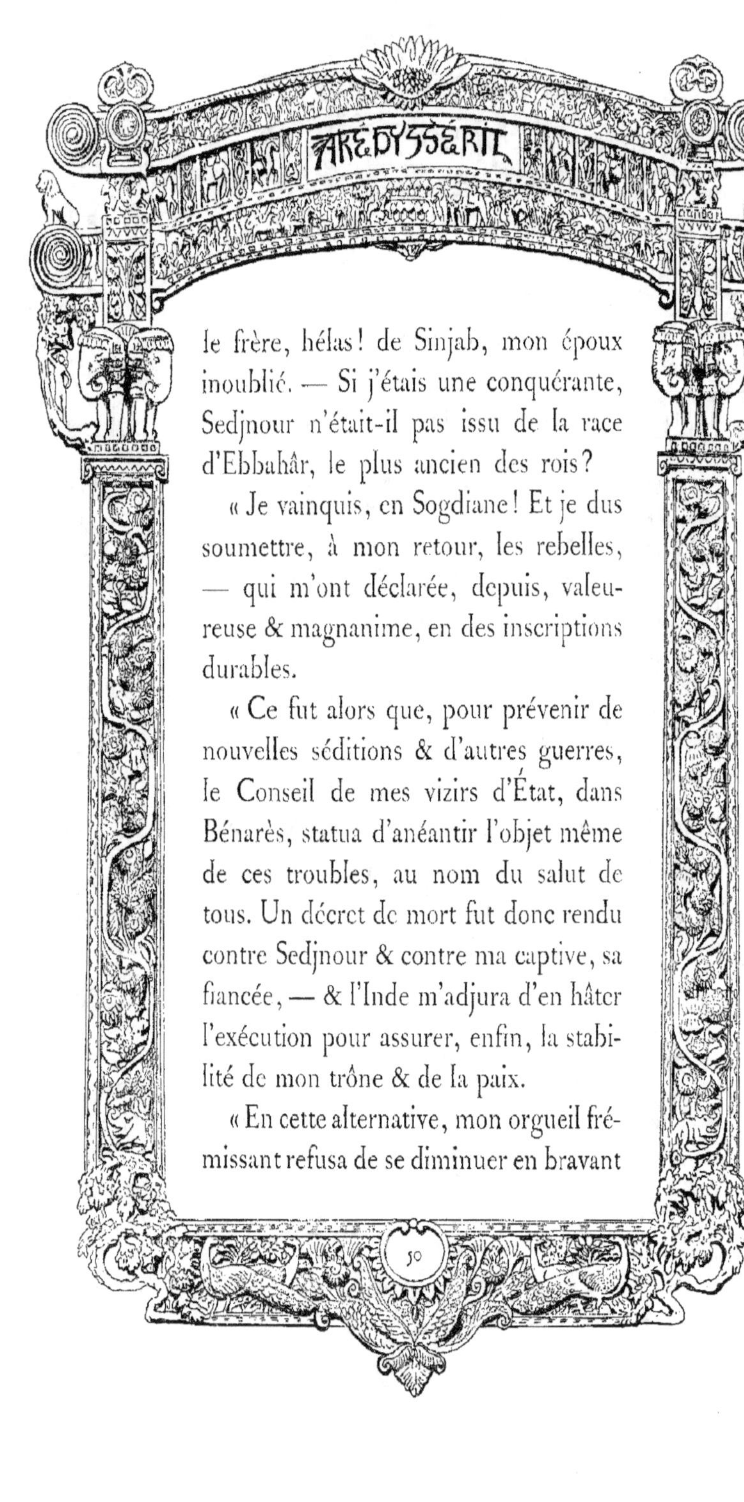

le frère, hélas! de Sinjab, mon époux inoublié. — Si j'étais une conquérante, Sedjnour n'était-il pas issu de la race d'Ebbahâr, le plus ancien des rois?

« Je vainquis, en Sogdiane! Et je dus soumettre, à mon retour, les rebelles, — qui m'ont déclarée, depuis, valeureuse & magnanime, en des inscriptions durables.

« Ce fut alors que, pour prévenir de nouvelles séditions & d'autres guerres, le Conseil de mes vizirs d'État, dans Bénarès, statua d'anéantir l'objet même de ces troubles, au nom du salut de tous. Un décret de mort fut donc rendu contre Sedjnour & contre ma captive, sa fiancée, — & l'Inde m'adjura d'en hâter l'exécution pour assurer, enfin, la stabilité de mon trône & de la paix.

« En cette alternative, mon orgueil frémissant refusa de se diminuer en bravant

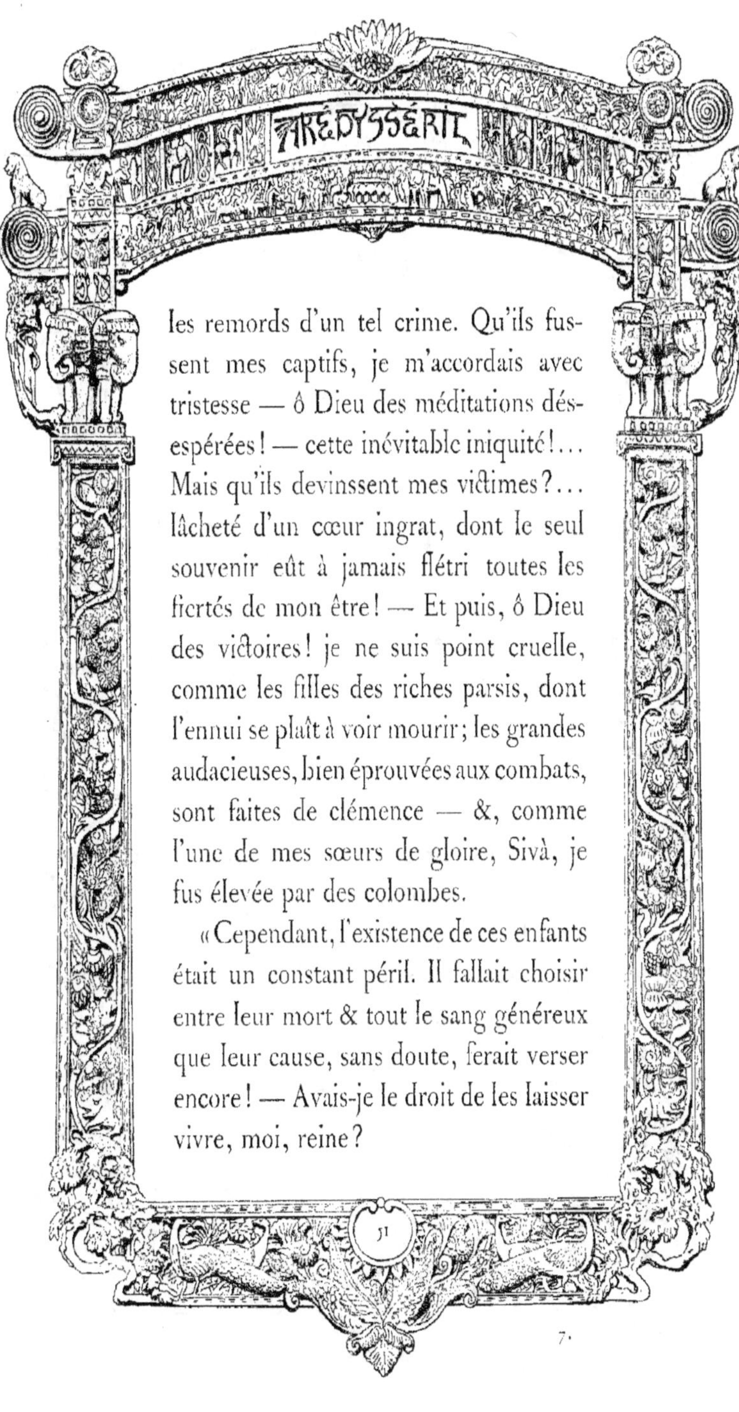

les remords d'un tel crime. Qu'ils fussent mes captifs, je m'accordais avec tristesse — ô Dieu des méditations désespérées ! — cette inévitable iniquité !… Mais qu'ils devinssent mes victimes ?… lâcheté d'un cœur ingrat, dont le seul souvenir eût à jamais flétri toutes les fiertés de mon être ! — Et puis, ô Dieu des victoires ! je ne suis point cruelle, comme les filles des riches parsis, dont l'ennui se plaît à voir mourir ; les grandes audacieuses, bien éprouvées aux combats, sont faites de clémence — &, comme l'une de mes sœurs de gloire, Sivà, je fus élevée par des colombes.

« Cependant, l'existence de ces enfants était un constant péril. Il fallait choisir entre leur mort & tout le sang généreux que leur cause, sans doute, ferait verser encore ! — Avais-je le droit de les laisser vivre, moi, reine ?

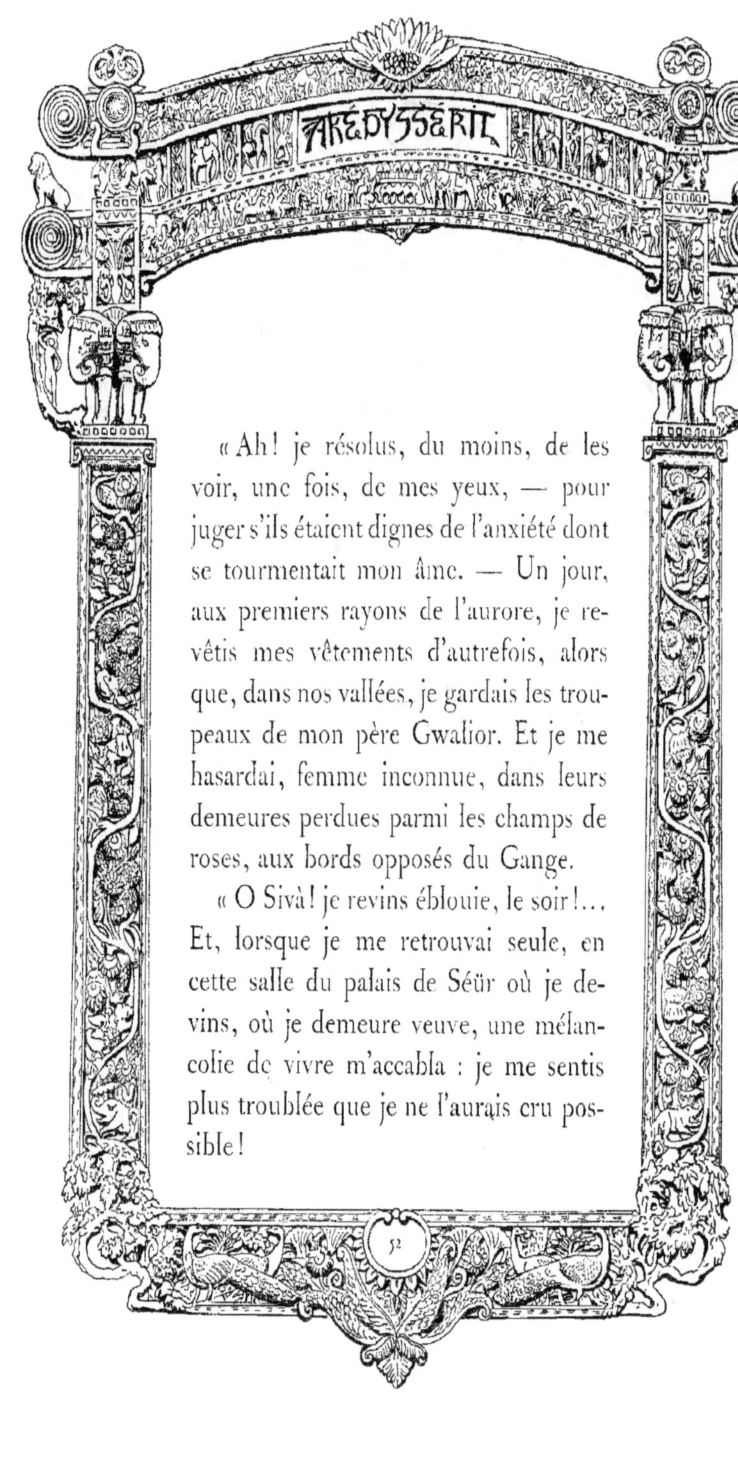

« Ah! je résolus, du moins, de les voir, une fois, de mes yeux, — pour juger s'ils étaient dignes de l'anxiété dont se tourmentait mon âme. — Un jour, aux premiers rayons de l'aurore, je revêtis mes vêtements d'autrefois, alors que, dans nos vallées, je gardais les troupeaux de mon père Gwalior. Et je me hasardai, femme inconnue, dans leurs demeures perdues parmi les champs de roses, aux bords opposés du Gange.

« O Sivà! je revins éblouie, le soir!... Et, lorsque je me retrouvai seule, en cette salle du palais de Séür où je devins, où je demeure veuve, une mélancolie de vivre m'accabla : je me sentis plus troublée que je ne l'aurais cru possible!

«O couple pur d'êtres charmants qui

s'étonnaient sans me haïr ! Leur existence
ne palpitait que d'un espoir : leur union

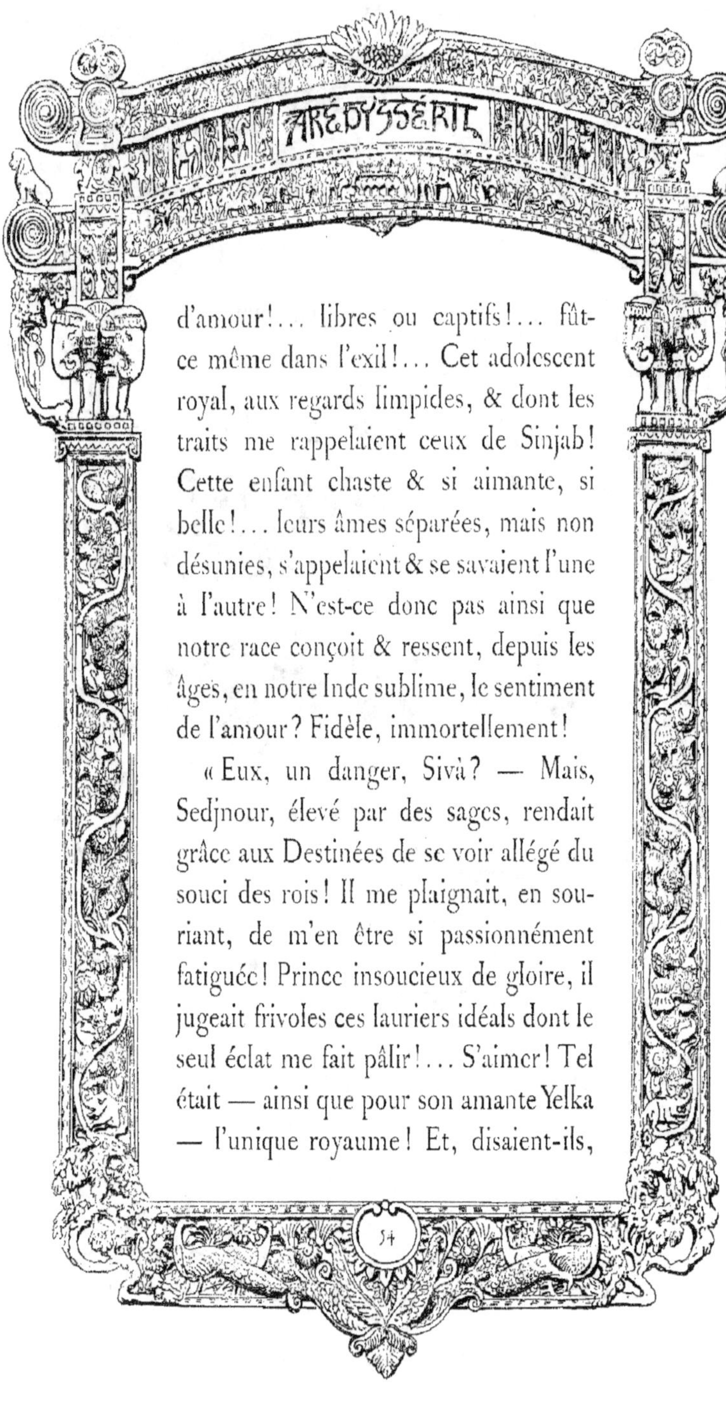

d'amour!... libres ou captifs!... fût-
ce même dans l'exil!... Cet adolescent
royal, aux regards limpides, & dont les
traits me rappelaient ceux de Sinjab!
Cette enfant chaste & si aimante, si
belle!... leurs âmes séparées, mais non
désunies, s'appelaient & se savaient l'une
à l'autre! N'est-ce donc pas ainsi que
notre race conçoit & ressent, depuis les
âges, en notre Inde sublime, le sentiment
de l'amour? Fidèle, immortellement!

« Eux, un danger, Sivà? — Mais,
Sedjnour, élevé par des sages, rendait
grâce aux Destinées de se voir allégé du
souci des rois! Il me plaignait, en sou-
riant, de m'en être si passionnément
fatiguée! Prince insoucieux de gloire, il
jugeait frivoles ces lauriers idéals dont le
seul éclat me fait pâlir!... S'aimer! Tel
était — ainsi que pour son amante Yelka
— l'unique royaume! Et, disaient-ils,

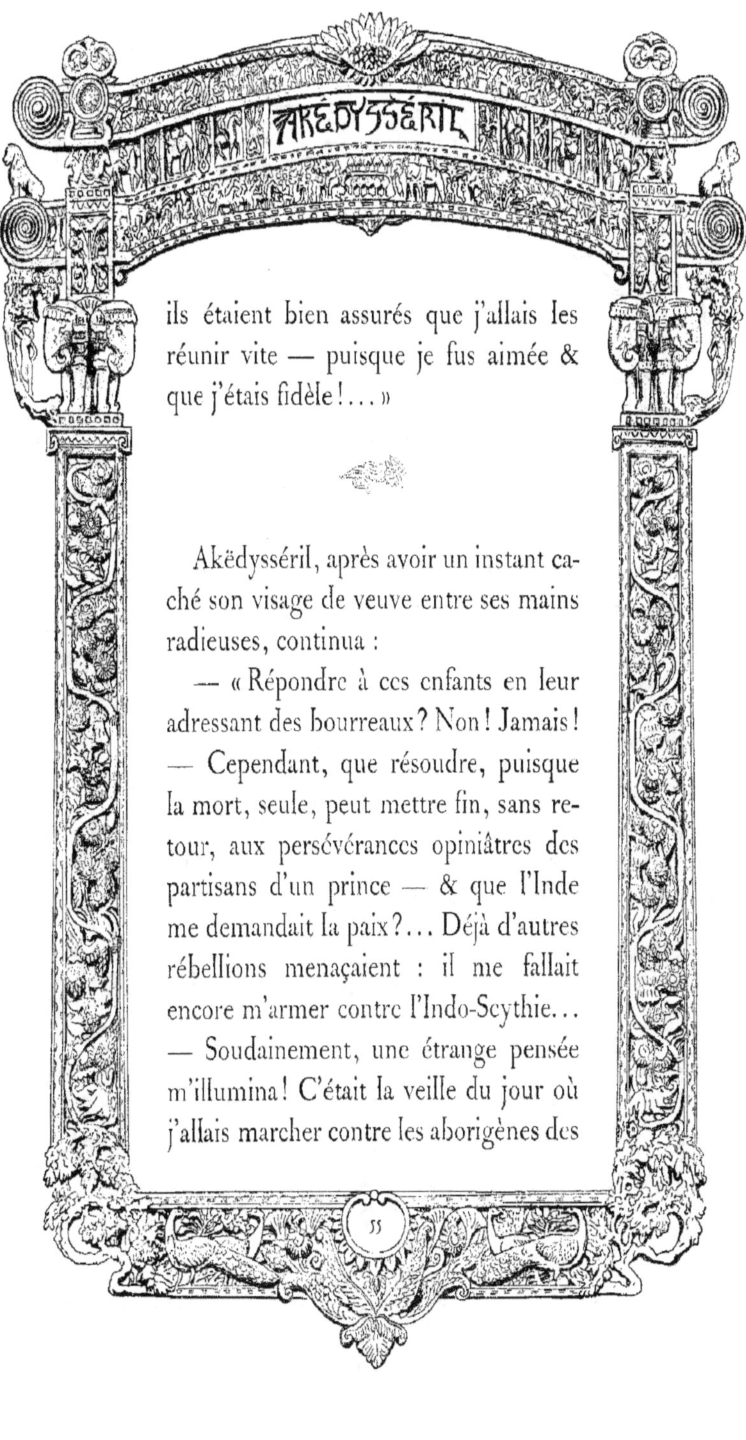

ils étaient bien assurés que j'allais les
réunir vite — puisque je fus aimée &
que j'étais fidèle !... »

Akëdysséril, après avoir un instant ca-
ché son visage de veuve entre ses mains
radieuses, continua :

— « Répondre à ces enfants en leur
adressant des bourreaux ? Non ! Jamais !

— Cependant, que résoudre, puisque
la mort, seule, peut mettre fin, sans retour, aux persévérances opiniâtres des
partisans d'un prince — & que l'Inde
me demandait la paix ?... Déjà d'autres
rébellions menaçaient : il me fallait
encore m'armer contre l'Indo-Scythie...

— Soudainement, une étrange pensée
m'illumina ! C'était la veille du jour où
j'allais marcher contre les aborigènes des

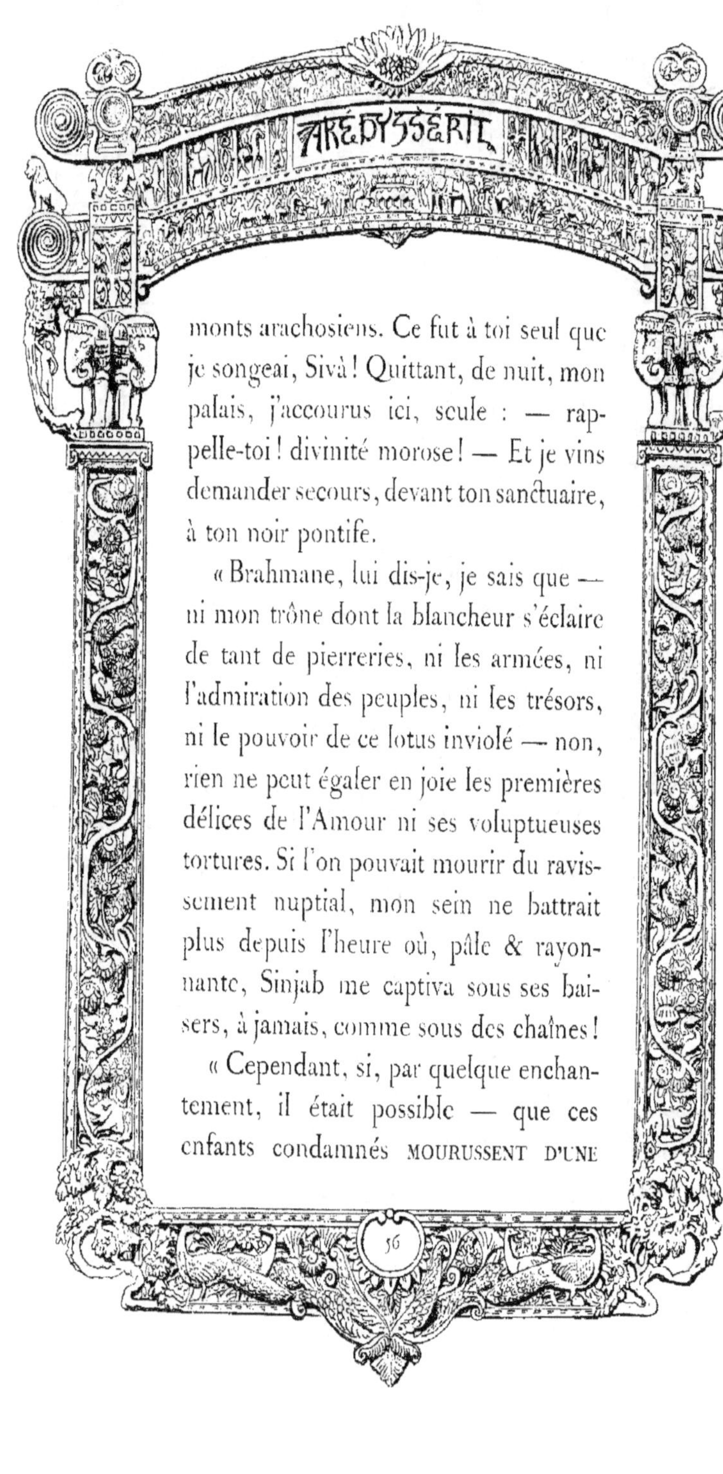

monts arachosiens. Ce fut à toi seul que je songeai, Sivà! Quittant, de nuit, mon palais, j'accourus ici, seule : — rappelle-toi! divinité morose! — Et je vins demander secours, devant ton sanctuaire, à ton noir pontife.

« Brahmane, lui dis-je, je sais que — ni mon trône dont la blancheur s'éclaire de tant de pierreries, ni les armées, ni l'admiration des peuples, ni les trésors, ni le pouvoir de ce lotus inviolé — non, rien ne peut égaler en joie les premières délices de l'Amour ni ses voluptueuses tortures. Si l'on pouvait mourir du ravissement nuptial, mon sein ne battrait plus depuis l'heure où, pâle & rayonnante, Sinjab me captiva sous ses baisers, à jamais, comme sous des chaînes!

« Cependant, si, par quelque enchantement, il était possible — que ces enfants condamnés MOURUSSENT D'UNE

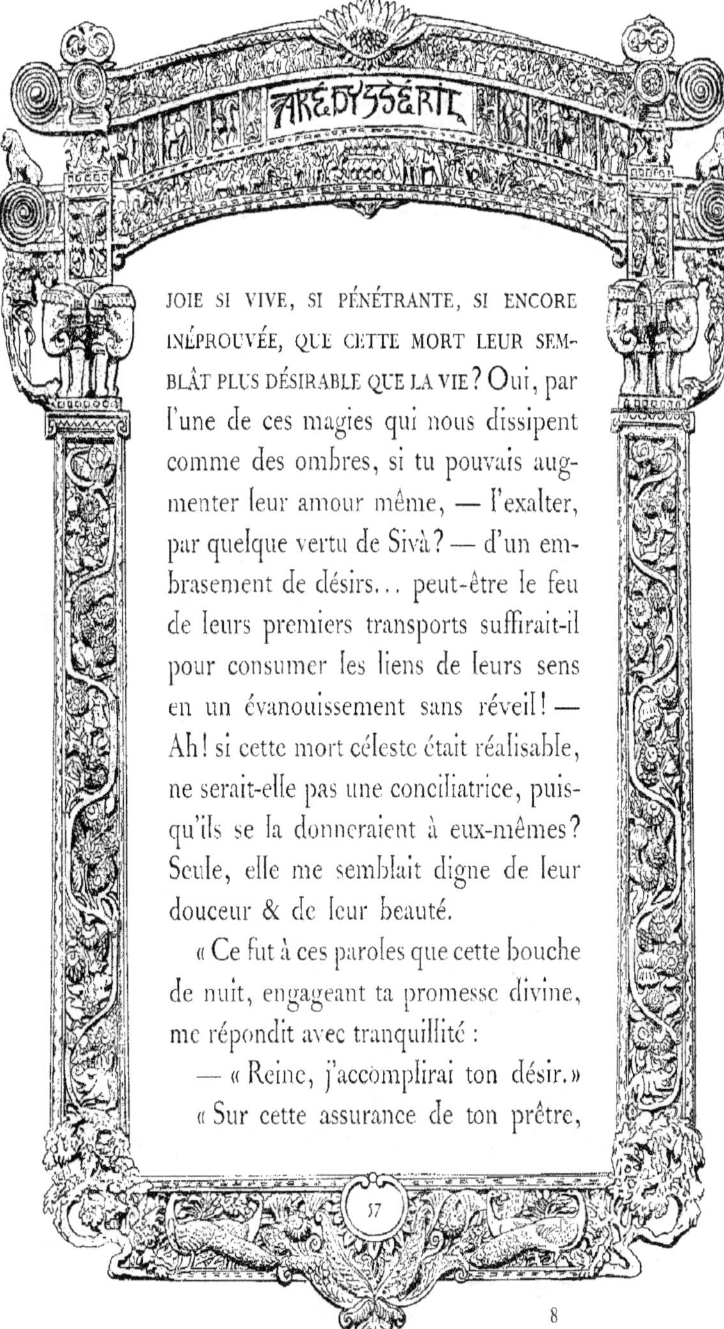

JOIE SI VIVE, SI PÉNÉTRANTE, SI ENCORE INÉPROUVÉE, QUE CETTE MORT LEUR SEM-BLÂT PLUS DÉSIRABLE QUE LA VIE ? Oui, par l'une de ces magies qui nous dissipent comme des ombres, si tu pouvais aug-menter leur amour même, — l'exalter, par quelque vertu de Sivà ? — d'un em-brasement de désirs... peut-être le feu de leurs premiers transports suffirait-il pour consumer les liens de leurs sens en un évanouissement sans réveil ! — Ah ! si cette mort céleste était réalisable, ne serait-elle pas une conciliatrice, puis-qu'ils se la donneraient à eux-mêmes ? Seule, elle me semblait digne de leur douceur & de leur beauté.

« Ce fut à ces paroles que cette bouche de nuit, engageant ta promesse divine, me répondit avec tranquillité :

— « Reine, j'accomplirai ton désir. »

« Sur cette assurance de ton prêtre,

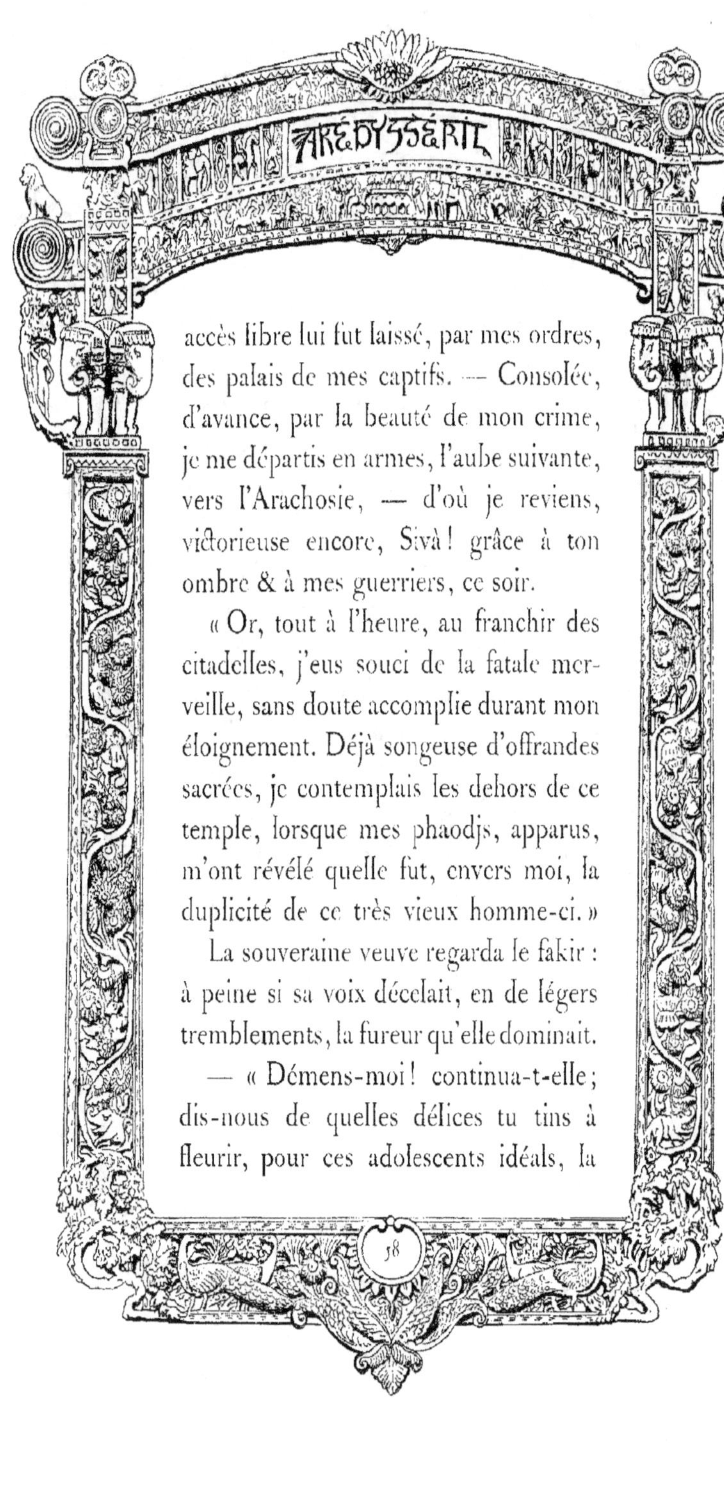

accès libre lui fut laissé, par mes ordres, des palais de mes captifs. — Consolée, d'avance, par la beauté de mon crime, je me départis en armes, l'aube suivante, vers l'Arachosie, — d'où je reviens, victorieuse encore, Sivà! grâce à ton ombre & à mes guerriers, ce soir.

« Or, tout à l'heure, au franchir des citadelles, j'eus souci de la fatale merveille, sans doute accomplie durant mon éloignement. Déjà songeuse d'offrandes sacrées, je contemplais les dehors de ce temple, lorsque mes phaodjs, apparus, m'ont révélé quelle fut, envers moi, la duplicité de ce très vieux homme-ci. »

La souveraine veuve regarda le fakir : à peine si sa voix décelait, en de légers tremblements, la fureur qu'elle dominait.

— « Démens-moi! continua-t-elle; dis-nous de quelles délices tu tins à fleurir, pour ces adolescents idéals, la

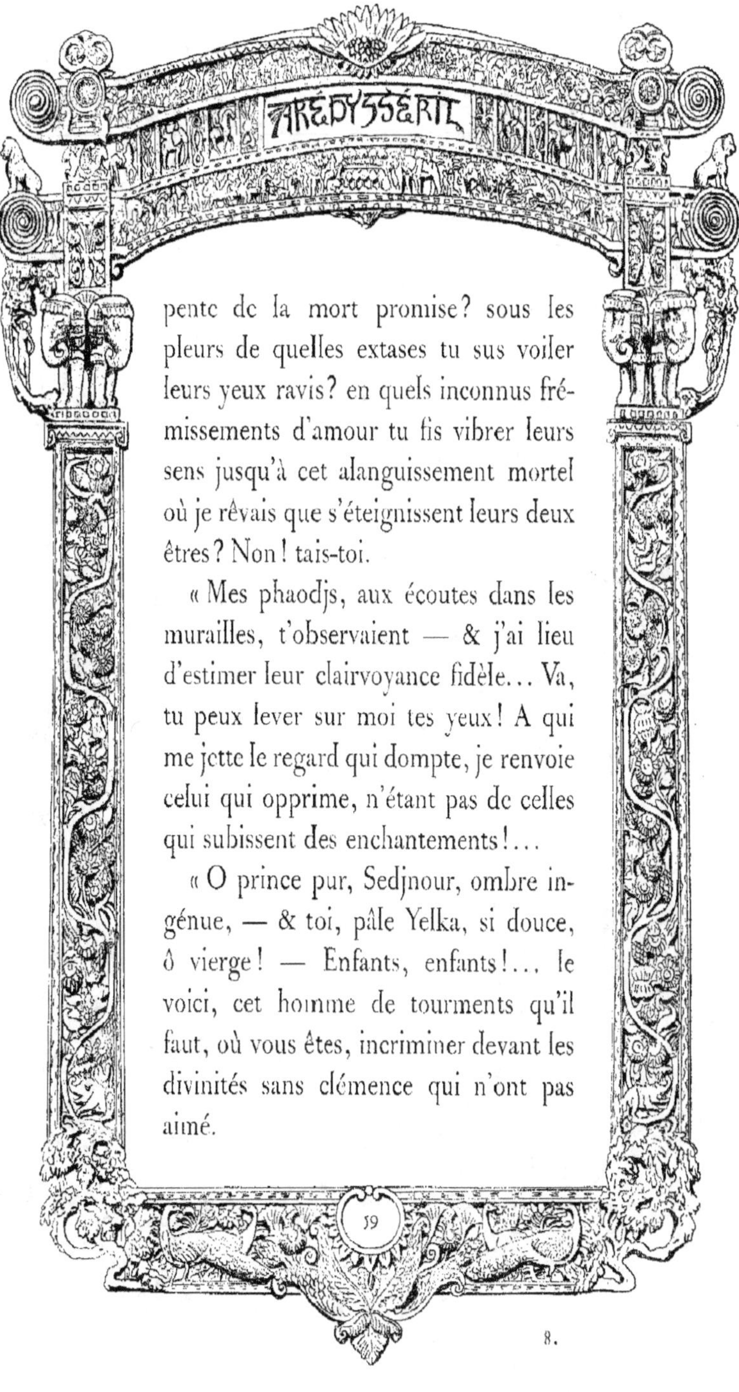

pente de la mort promise? sous les pleurs de quelles extases tu sus voiler leurs yeux ravis? en quels inconnus frémissements d'amour tu fis vibrer leurs sens jusqu'à cet alanguissement mortel où je rêvais que s'éteignissent leurs deux êtres? Non! tais-toi.

« Mes phaodjs, aux écoutes dans les murailles, t'observaient — & j'ai lieu d'estimer leur clairvoyance fidèle... Va, tu peux lever sur moi tes yeux! A qui me jette le regard qui dompte, je renvoie celui qui opprime, n'étant pas de celles qui subissent des enchantements!...

« O prince pur, Sedjnour, ombre ingénue, — & toi, pâle Yelka, si douce, ô vierge! — Enfants, enfants!... le voici, cet homme de tourments qu'il faut, où vous êtes, incriminer devant les divinités sans clémence qui n'ont pas aimé.

8.

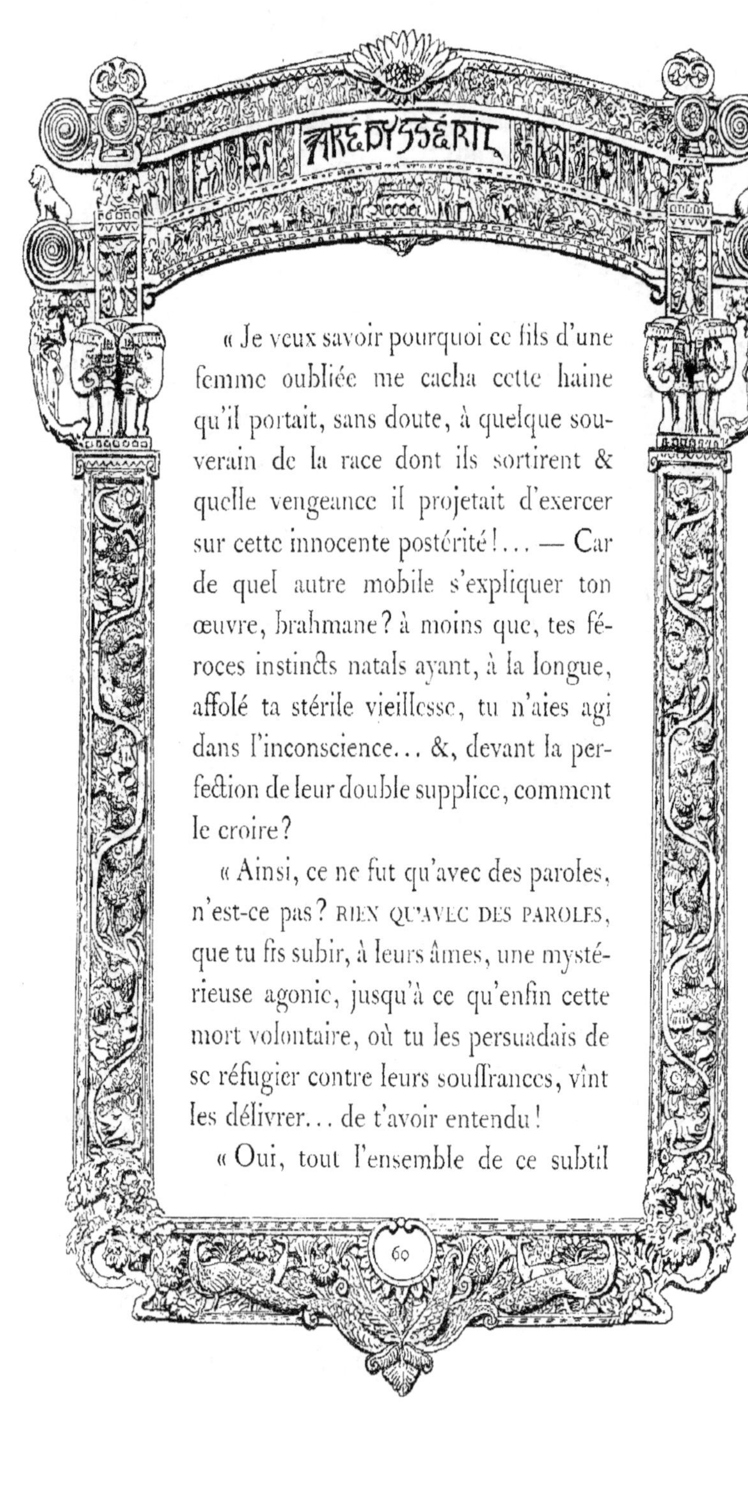

« Je veux savoir pourquoi ce fils d'une femme oubliée me cacha cette haine qu'il portait, sans doute, à quelque souverain de la race dont ils sortirent & quelle vengeance il projetait d'exercer sur cette innocente postérité !... — Car de quel autre mobile s'expliquer ton œuvre, brahmane ? à moins que, tes féroces instincts natals ayant, à la longue, affolé ta stérile vieillesse, tu n'aies agi dans l'inconscience... &, devant la perfection de leur double supplice, comment le croire ?

« Ainsi, ce ne fut qu'avec des paroles, n'est-ce pas ? RIEN QU'AVEC DES PAROLES, que tu fis subir, à leurs âmes, une mystérieuse agonie, jusqu'à ce qu'enfin cette mort volontaire, où tu les persuadais de se réfugier contre leurs souffrances, vînt les délivrer... de t'avoir entendu !

« Oui, tout l'ensemble de ce subtil

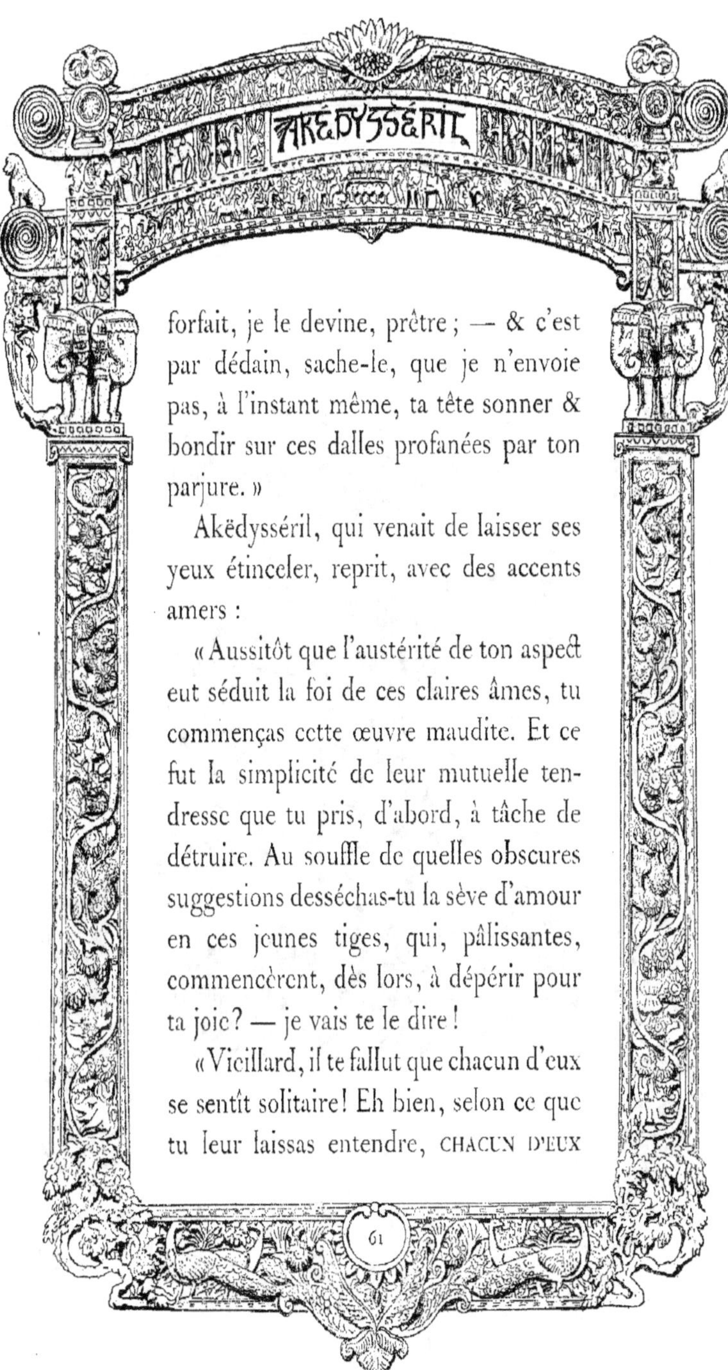

forfait, je le devine, prêtre ; — & c'est
par dédain, sache-le, que je n'envoie
pas, à l'instant même, ta tête sonner &
bondir sur ces dalles profanées par ton
parjure. »

Akëdysséril, qui venait de laisser ses
yeux étinceler, reprit, avec des accents
amers :

« Aussitôt que l'austérité de ton aspect
eut séduit la foi de ces claires âmes, tu
commenças cette œuvre maudite. Et ce
fut la simplicité de leur mutuelle ten-
dresse que tu pris, d'abord, à tâche de
détruire. Au souffle de quelles obscures
suggestions desséchas-tu la sève d'amour
en ces jeunes tiges, qui, pâlissantes,
commencèrent, dès lors, à dépérir pour
ta joie ? — je vais te le dire !

« Vieillard, il te fallut que chacun d'eux
se sentît solitaire ! Eh bien, selon ce que
tu leur laissas entendre, CHACUN D'EUX

NE DEVAIT-IL PAS SURVIVRE À L'OUBLIÉ, &
RÉGNER, GRÂCE À MES VŒUX, EN DES PAYS

LOINTAINS, — AUX CÔTÉS D'UN ÊTRE ROYAL
& PLEIN D'AMOUR AUJOURD'HUI PRÉFÉRÉ

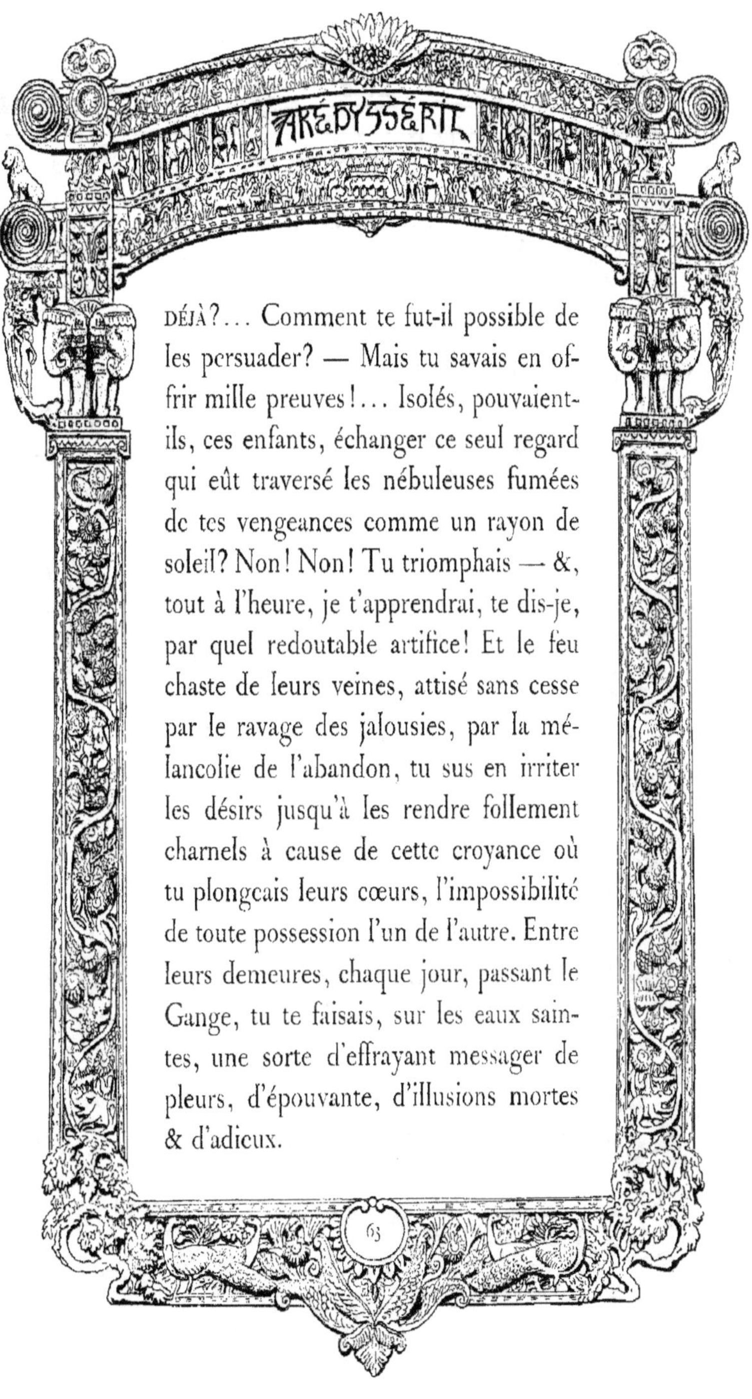

DÉJÀ?… Comment te fut-il possible de les persuader? — Mais tu savais en offrir mille preuves!… Isolés, pouvaient-ils, ces enfants, échanger ce seul regard qui eût traversé les nébuleuses fumées de tes vengeances comme un rayon de soleil? Non! Non! Tu triomphais — &, tout à l'heure, je t'apprendrai, te dis-je, par quel redoutable artifice! Et le feu chaste de leurs veines, attisé sans cesse par le ravage des jalousies, par la mélancolie de l'abandon, tu sus en irriter les désirs jusqu'à les rendre follement charnels à cause de cette croyance où tu plongeais leurs cœurs, l'impossibilité de toute possession l'un de l'autre. Entre leurs demeures, chaque jour, passant le Gange, tu te faisais, sur les eaux saintes, une sorte d'effrayant messager de pleurs, d'épouvante, d'illusions mortes & d'adieux.

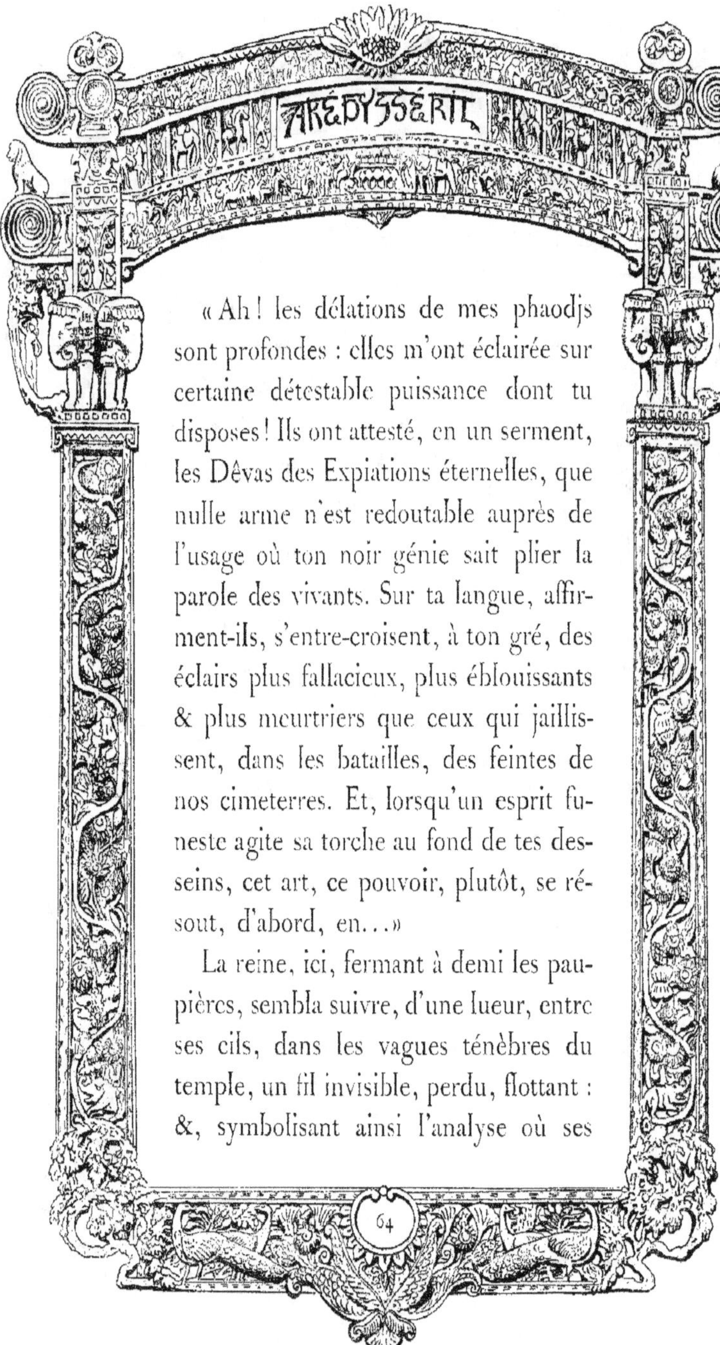

« Ah ! les délations de mes phaodjs
sont profondes : elles m'ont éclairée sur
certaine détestable puissance dont tu
disposes ! Ils ont attesté, en un serment,
les Dêvas des Expiations éternelles, que
nulle arme n'est redoutable auprès de
l'usage où ton noir génie sait plier la
parole des vivants. Sur ta langue, affir-
ment-ils, s'entre-croisent, à ton gré, des
éclairs plus fallacieux, plus éblouissants
& plus meurtriers que ceux qui jaillis-
sent, dans les batailles, des feintes de
nos cimeterres. Et, lorsqu'un esprit fu-
neste agite sa torche au fond de tes des-
seins, cet art, ce pouvoir, plutôt, se ré-
sout, d'abord, en…»

La reine, ici, fermant à demi les paupières, sembla suivre, d'une lueur, entre
ses cils, dans les vagues ténèbres du
temple, un fil invisible, perdu, flottant :
&, symbolisant ainsi l'analyse où ses

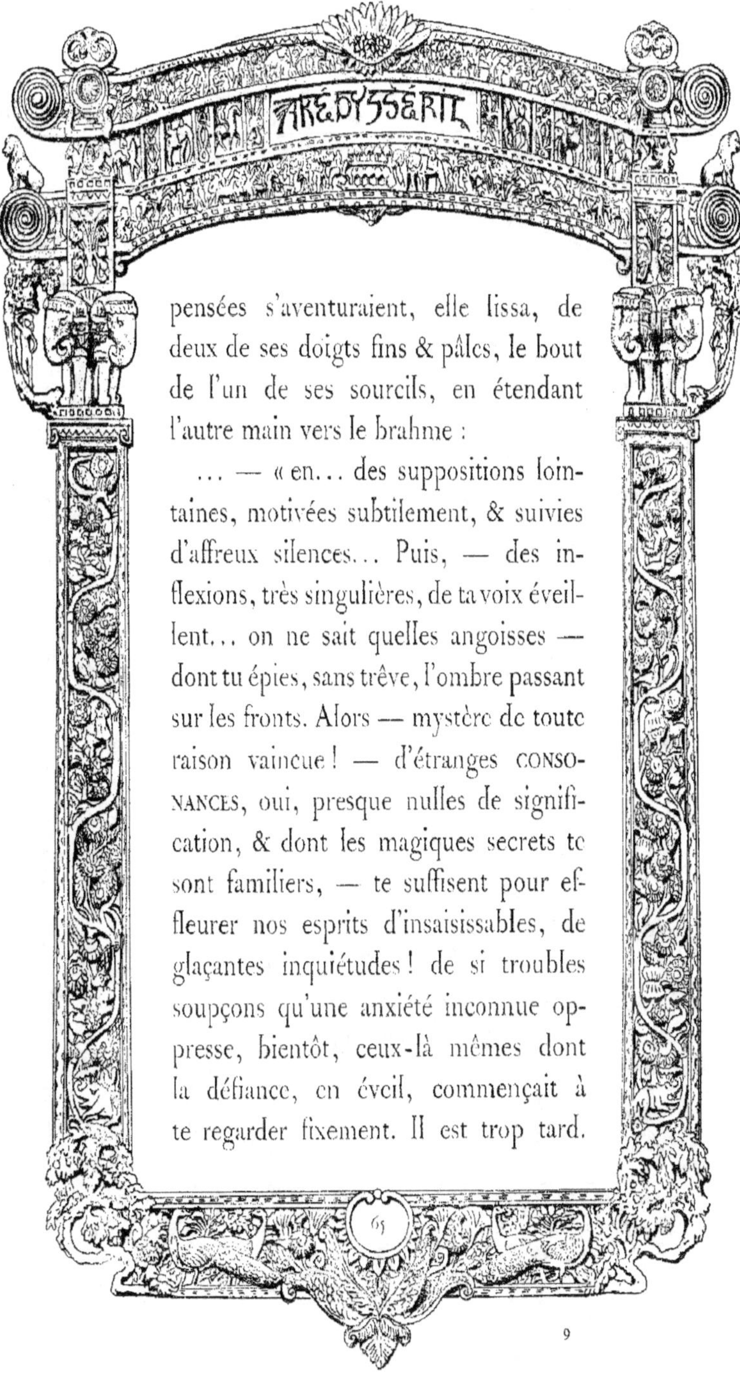

pensées s'aventuraient, elle lissa, de
deux de ses doigts fins & pâles, le bout
de l'un de ses sourcils, en étendant
l'autre main vers le brahme :

... — « en... des suppositions lointaines, motivées subtilement, & suivies
d'affreux silences... Puis, — des in-
flexions, très singulières, de ta voix éveil-
lent... on ne sait quelles angoisses —
dont tu épies, sans trêve, l'ombre passant
sur les fronts. Alors — mystère de toute
raison vaincue ! — d'étranges CONSO-
NANCES, oui, presque nulles de significa-
tion, & dont les magiques secrets te
sont familiers, — te suffisent pour ef-
fleurer nos esprits d'insaisissables, de
glaçantes inquiétudes ! de si troubles
soupçons qu'une anxiété inconnue op-
presse, bientôt, ceux-là mêmes dont
la défiance, en éveil, commençait à
te regarder fixement. Il est trop tard.

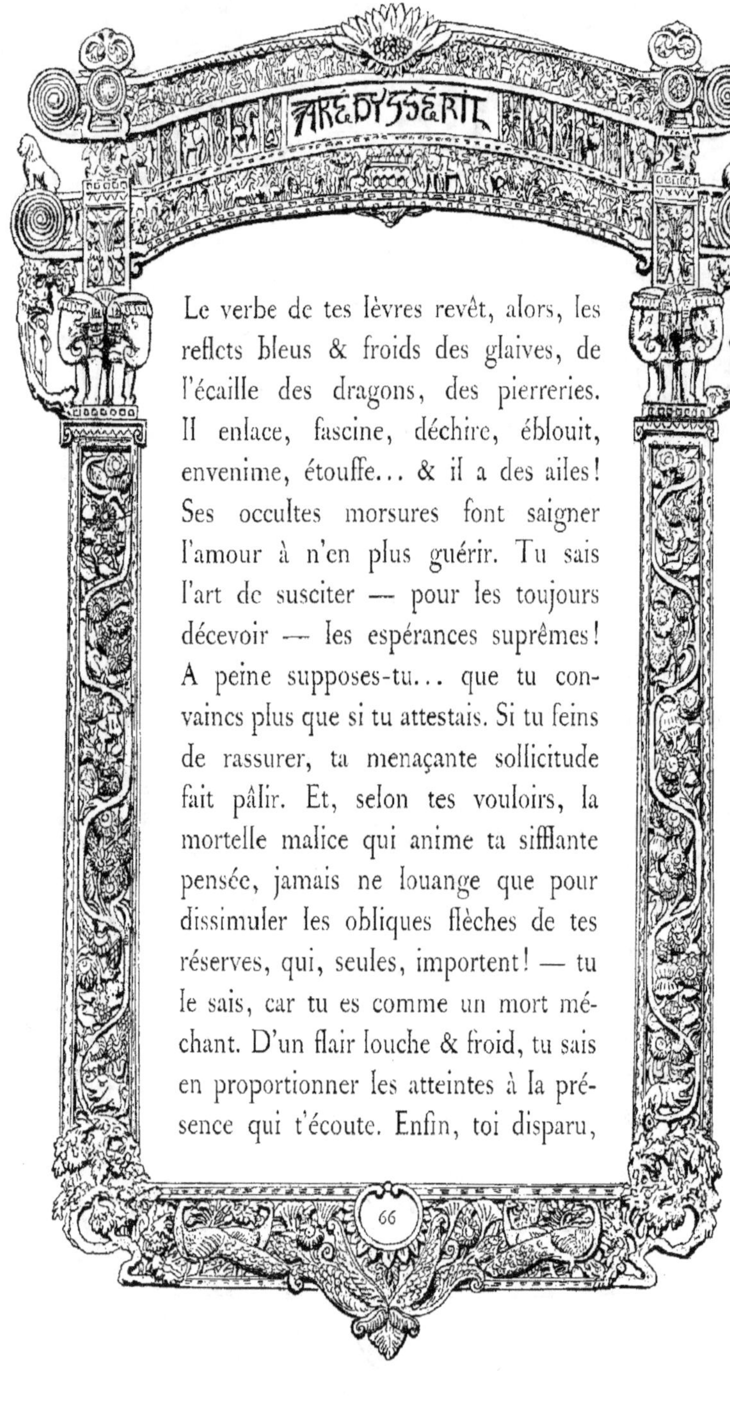

Le verbe de tes lèvres revêt, alors, les reflets bleus & froids des glaives, de l'écaille des dragons, des pierreries. Il enlace, fascine, déchire, éblouit, envenime, étouffe… & il a des ailes! Ses occultes morsures font saigner l'amour à n'en plus guérir. Tu sais l'art de susciter — pour les toujours décevoir — les espérances suprêmes! A peine supposes-tu… que tu convaincs plus que si tu attestais. Si tu feins de rassurer, ta menaçante sollicitude fait pâlir. Et, selon tes vouloirs, la mortelle malice qui anime ta sifflante pensée, jamais ne louange que pour dissimuler les obliques flèches de tes réserves, qui, seules, importent! — tu le sais, car tu es comme un mort méchant. D'un flair louche & froid, tu sais en proportionner les atteintes à la présence qui t'écoute. Enfin, toi disparu,

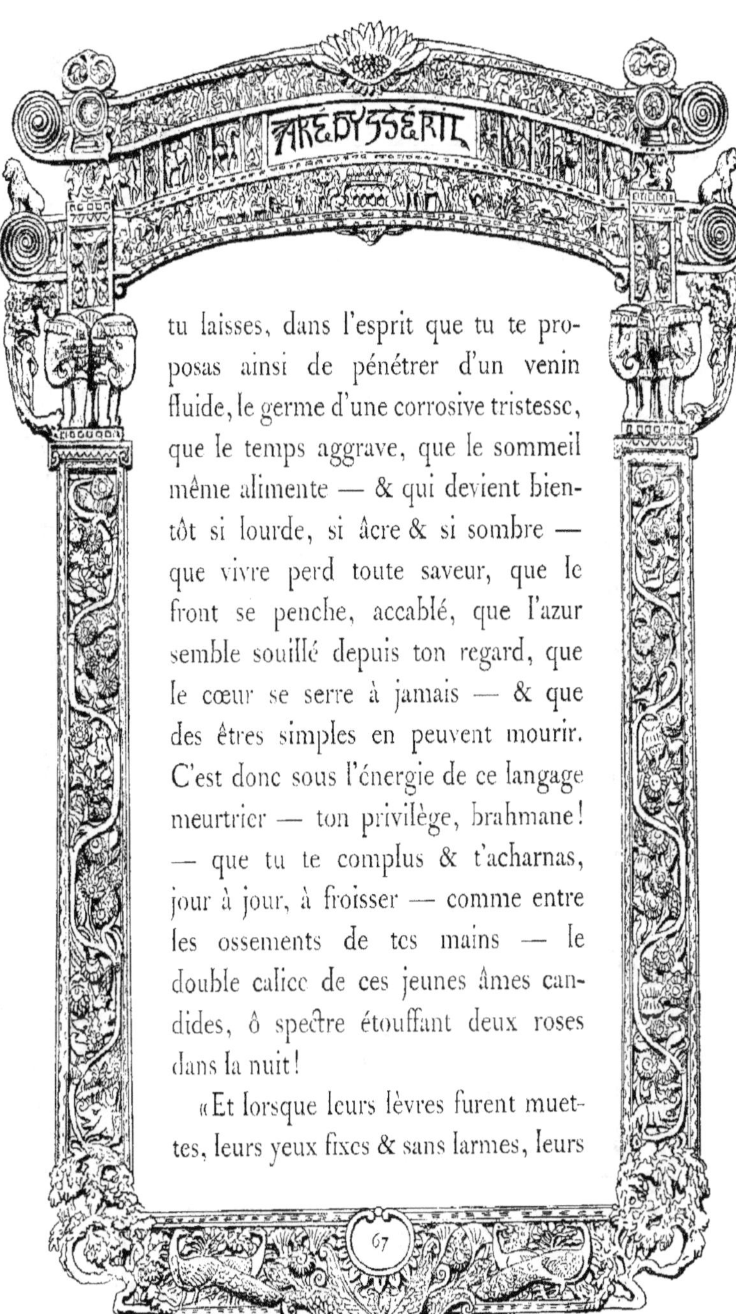

tu laisses, dans l'esprit que tu te pro-
posas ainsi de pénétrer d'un venin
fluide, le germe d'une corrosive tristesse,
que le temps aggrave, que le sommeil
même alimente — & qui devient bientôt si lourde, si âcre & si sombre —
que vivre perd toute saveur, que le
front se penche, accablé, que l'azur
semble souillé depuis ton regard, que
le cœur se serre à jamais — & que
des êtres simples en peuvent mourir.
C'est donc sous l'énergie de ce langage
meurtrier — ton privilège, brahmane!
— que tu te complus & t'acharnas,
jour à jour, à froisser — comme entre
les ossements de tes mains — le
double calice de ces jeunes âmes can-
dides, ô spectre étouffant deux roses
dans la nuit!

« Et lorsque leurs lèvres furent muet-
tes, leurs yeux fixes & sans larmes, leurs

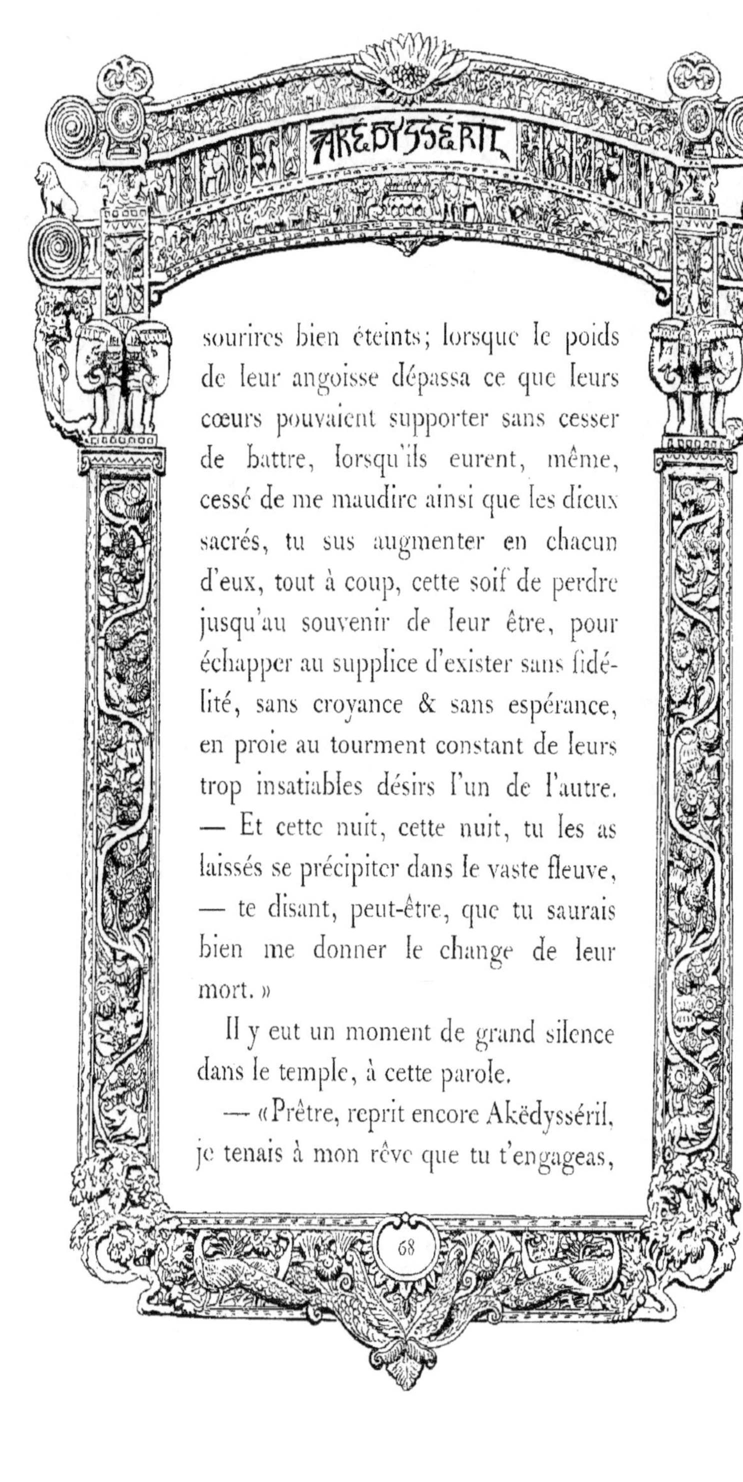

sourires bien éteints; lorsque le poids de leur angoisse dépassa ce que leurs cœurs pouvaient supporter sans cesser de battre, lorsqu'ils eurent, même, cessé de me maudire ainsi que les dieux sacrés, tu sus augmenter en chacun d'eux, tout à coup, cette soif de perdre jusqu'au souvenir de leur être, pour échapper au supplice d'exister sans fidélité, sans croyance & sans espérance, en proie au tourment constant de leurs trop insatiables désirs l'un de l'autre. — Et cette nuit, cette nuit, tu les as laissés se précipiter dans le vaste fleuve, — te disant, peut-être, que tu saurais bien me donner le change de leur mort. »

Il y eut un moment de grand silence dans le temple, à cette parole.

— «Prêtre, reprit encore Akëdysséril, je tenais à mon rêve que tu t'engageas,

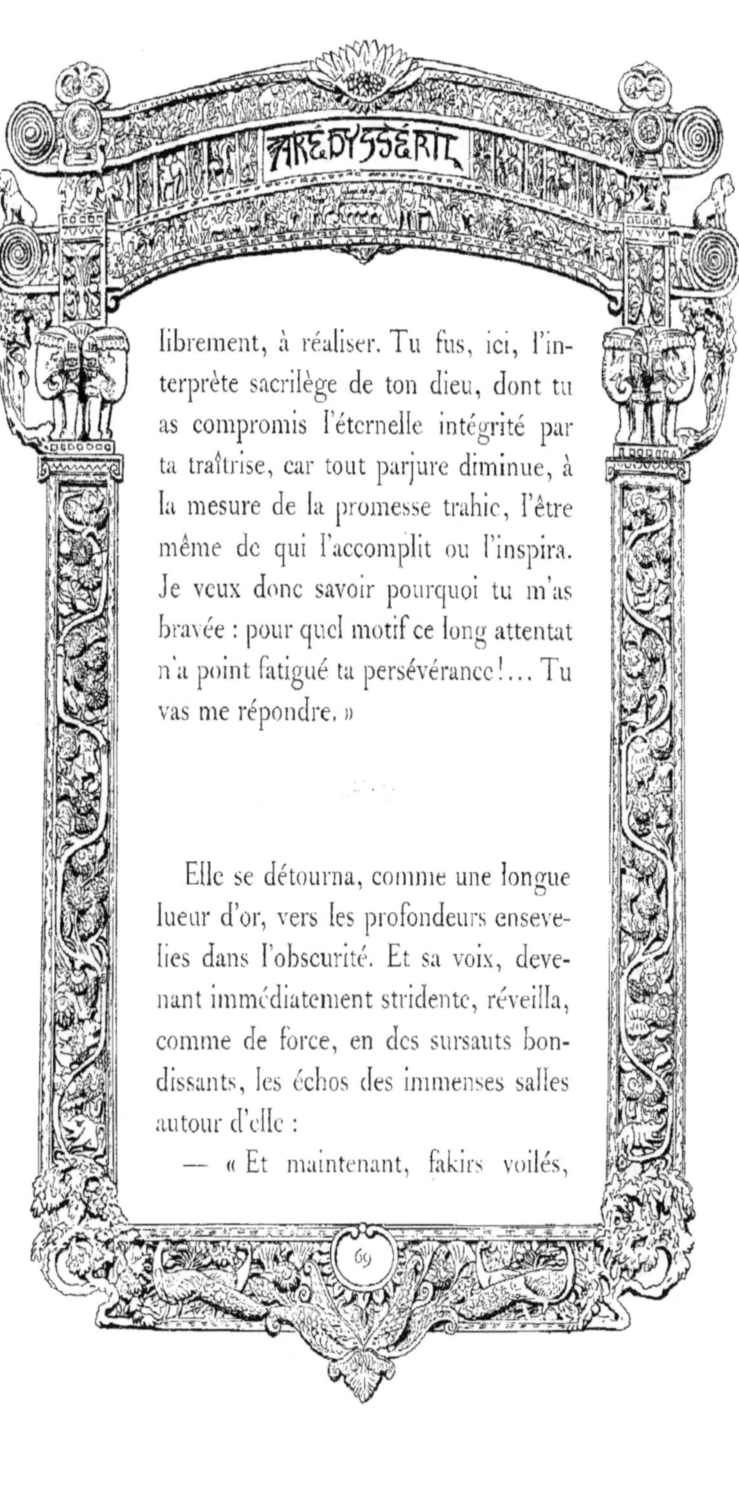

librement, à réaliser. Tu fus, ici, l'interprète sacrilège de ton dieu, dont tu as compromis l'éternelle intégrité par ta traîtrise, car tout parjure diminue, à la mesure de la promesse trahie, l'être même de qui l'accomplit ou l'inspira. Je veux donc savoir pourquoi tu m'as bravée : pour quel motif ce long attentat n'a point fatigué ta persévérance!... Tu vas me répondre. »

Elle se détourna, comme une longue lueur d'or, vers les profondeurs ensevelies dans l'obscurité. Et sa voix, devenant immédiatement stridente, réveilla, comme de force, en des sursauts bondissants, les échos des immenses salles autour d'elle :

— « Et maintenant, fakirs voilés,

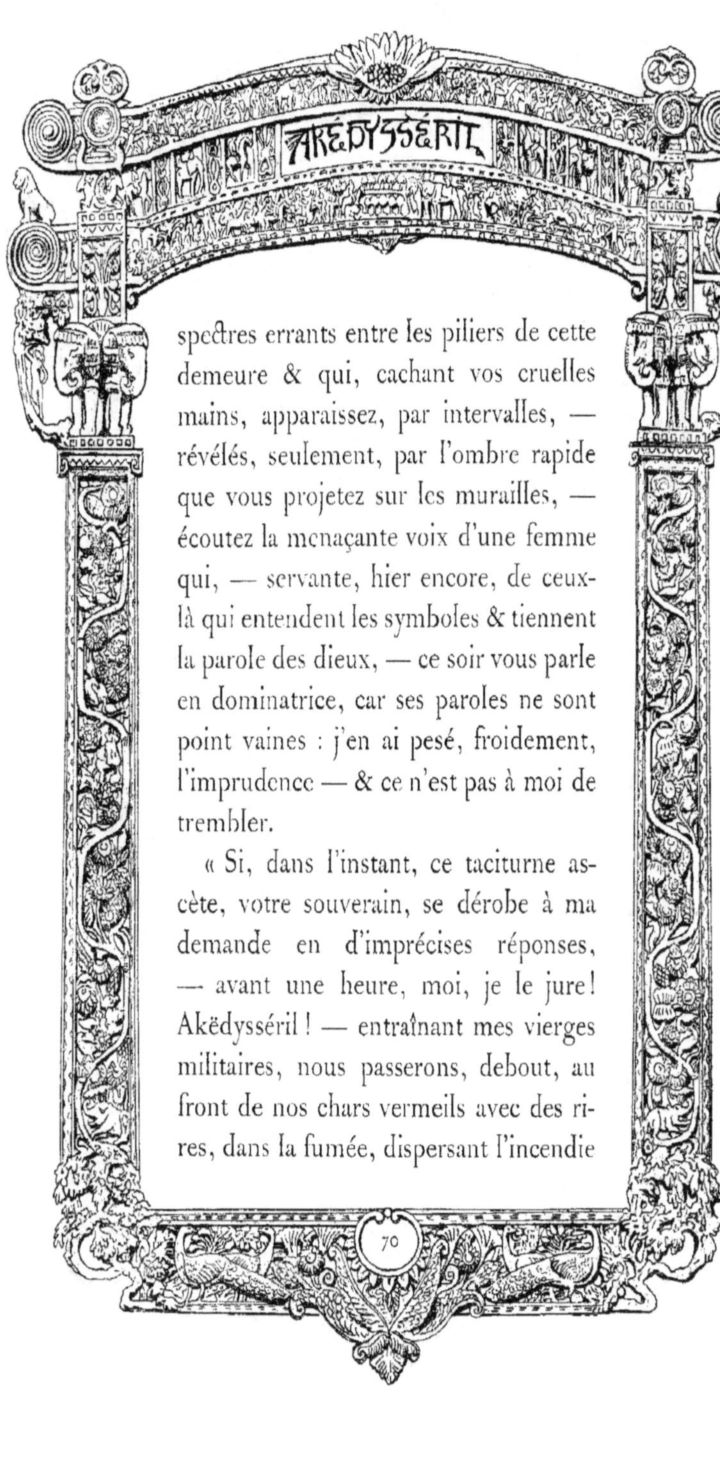

spectres errants entre les piliers de cette demeure & qui, cachant vos cruelles mains, apparaissez, par intervalles, — révélés, seulement, par l'ombre rapide que vous projetez sur les murailles, — écoutez la menaçante voix d'une femme qui, — servante, hier encore, de ceux-là qui entendent les symboles & tiennent la parole des dieux, — ce soir vous parle en dominatrice, car ses paroles ne sont point vaines : j'en ai pesé, froidement, l'imprudence — & ce n'est pas à moi de trembler.

« Si, dans l'instant, ce taciturne ascète, votre souverain, se dérobe à ma demande en d'imprécises réponses, — avant une heure, moi, je le jure ! Akëdysséril ! — entraînant mes vierges militaires, nous passerons, debout, au front de nos chars vermeils avec des rires, dans la fumée, dispersant l'incendie

de nos torches en feu au profond des

noirs feuillages de votre antique avenue !
Ma puissante armée, encore ivre de

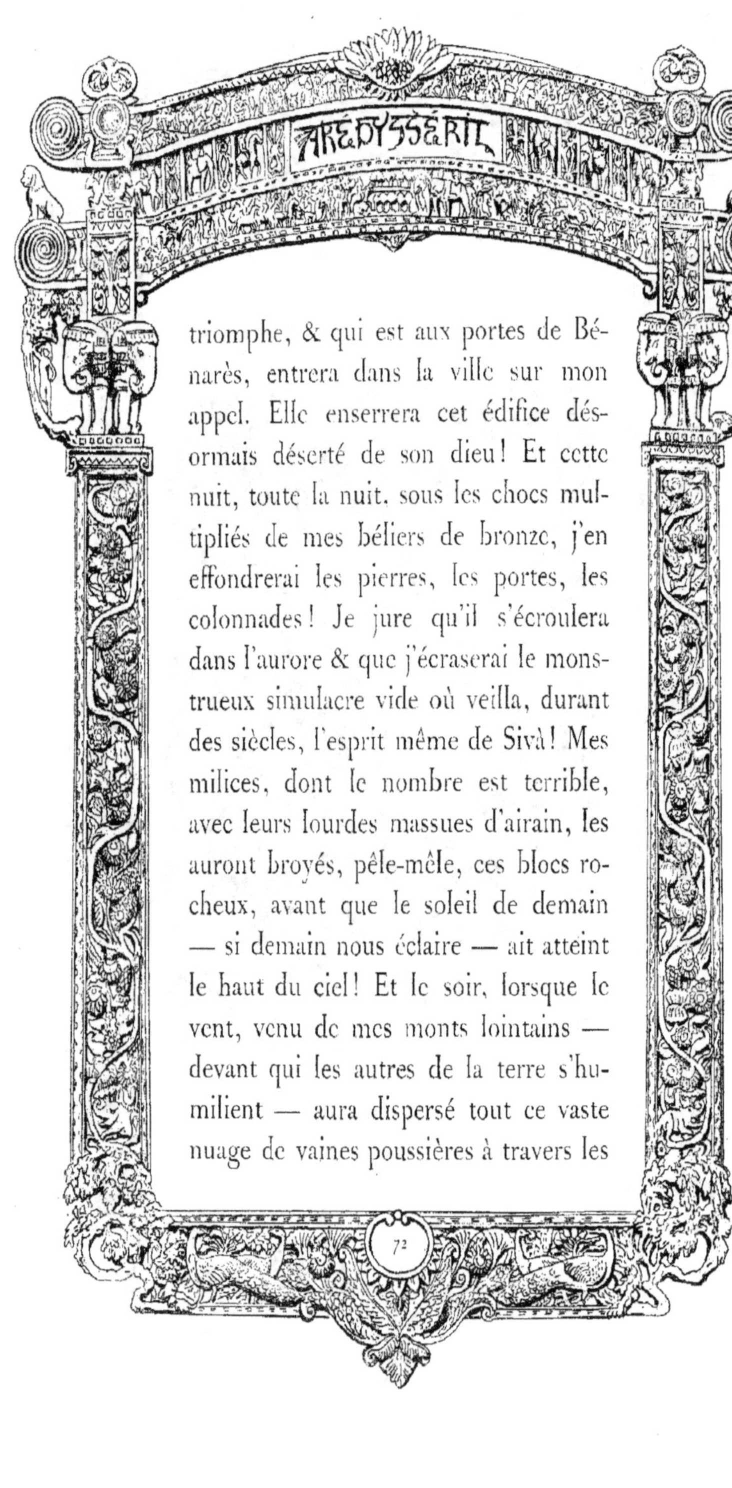

triomphe, & qui est aux portes de Bénarès, entrera dans la ville sur mon
appel. Elle enserrera cet édifice désormais déserté de son dieu! Et cette
nuit, toute la nuit. sous les chocs mul-
tipliés de mes béliers de bronze, j'en
effondrerai les pierres, les portes, les
colonnades! Je jure qu'il s'écroulera
dans l'aurore & que j'écraserai le monstrueux simulacre vide où veilla, durant
des siècles, l'esprit même de Sivà! Mes
milices, dont le nombre est terrible,
avec leurs lourdes massues d'airain, les
auront broyés, pêle-mêle, ces blocs ro-
cheux, avant que le soleil de demain
— si demain nous éclaire — ait atteint
le haut du ciel! Et le soir, lorsque le
vent, venu de mes monts lointains —
devant qui les autres de la terre s'hu-
milient — aura dispersé tout ce vaste
nuage de vaines poussières à travers les

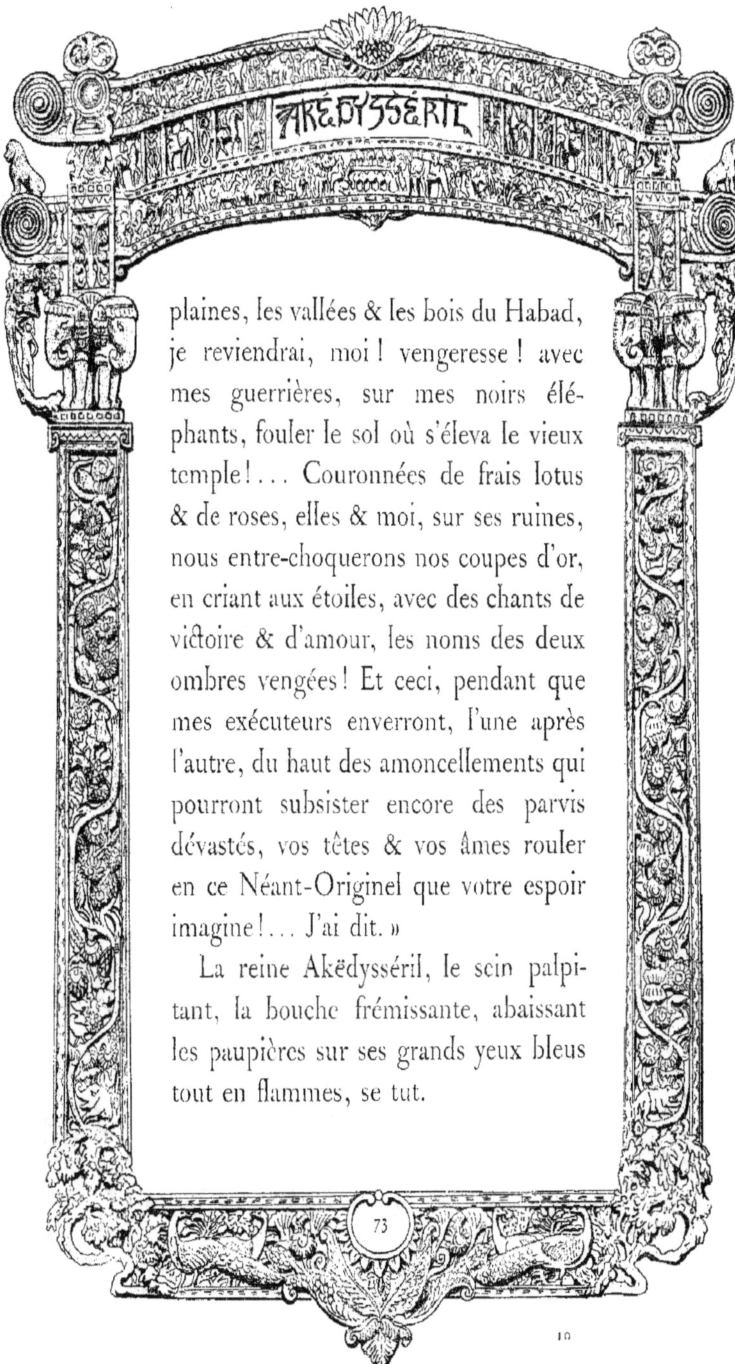

plaines, les vallées & les bois du Habad,
je reviendrai, moi ! vengeresse ! avec
mes guerrières, sur mes noirs éléphants, fouler le sol où s'éleva le vieux
temple !... Couronnées de frais lotus
& de roses, elles & moi, sur ses ruines,
nous entre-choquerons nos coupes d'or,
en criant aux étoiles, avec des chants de
victoire & d'amour, les noms des deux
ombres vengées ! Et ceci, pendant que
mes exécuteurs enverront, l'une après
l'autre, du haut des amoncellements qui
pourront subsister encore des parvis
dévastés, vos têtes & vos âmes rouler
en ce Néant-Originel que votre espoir
imagine !... J'ai dit. »

La reine Akëdysséril, le sein palpi-
tant, la bouche frémissante, abaissant
les paupières sur ses grands yeux bleus
tout en flammes, se tut.

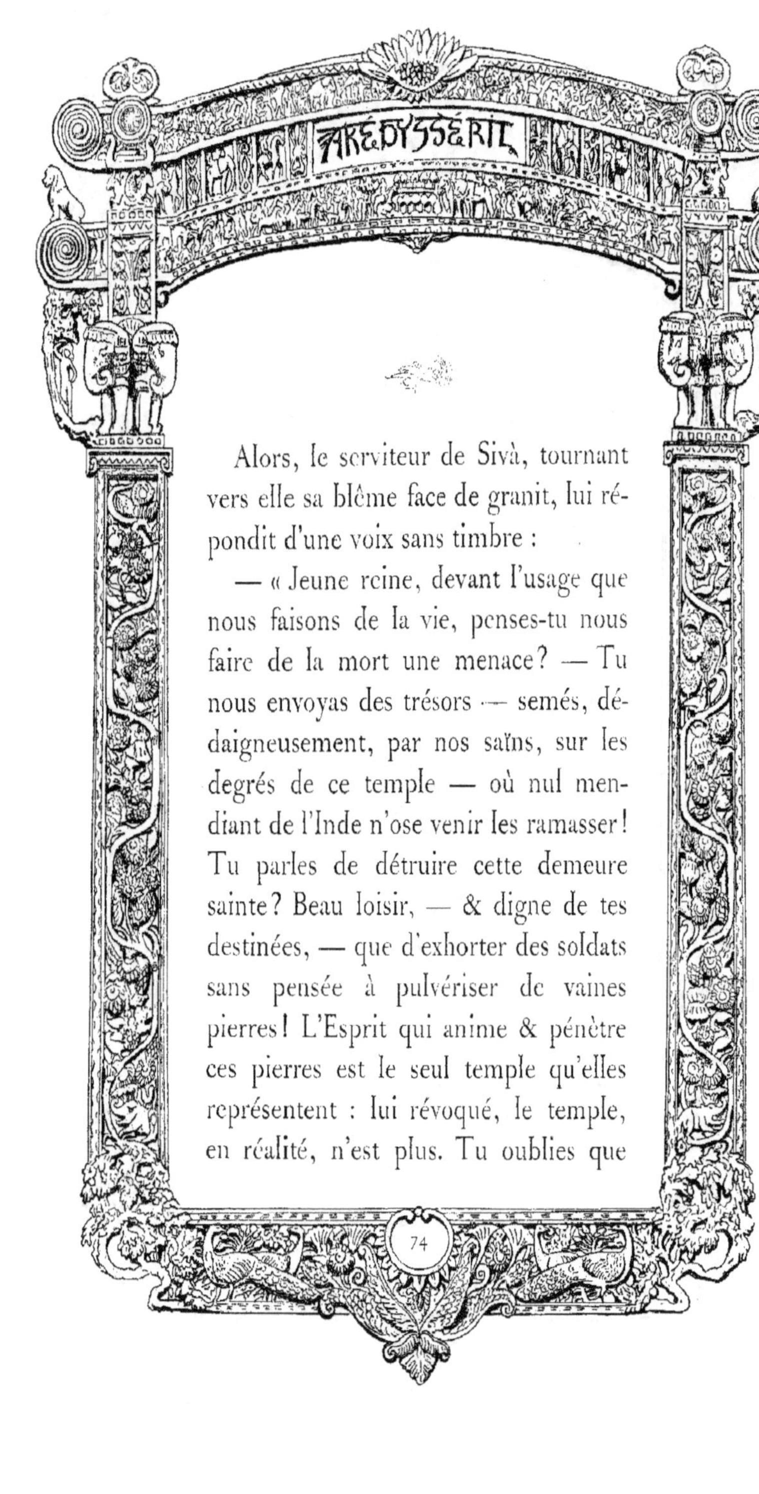

Alors, le serviteur de Sivà, tournant vers elle sa blême face de granit, lui répondit d'une voix sans timbre :

— « Jeune reine, devant l'usage que nous faisons de la vie, penses-tu nous faire de la mort une menace? — Tu nous envoyas des trésors — semés, dédaigneusement, par nos saïns, sur les degrés de ce temple — où nul mendiant de l'Inde n'ose venir les ramasser! Tu parles de détruire cette demeure sainte? Beau loisir, — & digne de tes destinées, — que d'exhorter des soldats sans pensée à pulvériser de vaines pierres! L'Esprit qui anime & pénètre ces pierres est le seul temple qu'elles représentent : lui révoqué, le temple, en réalité, n'est plus. Tu oublies que

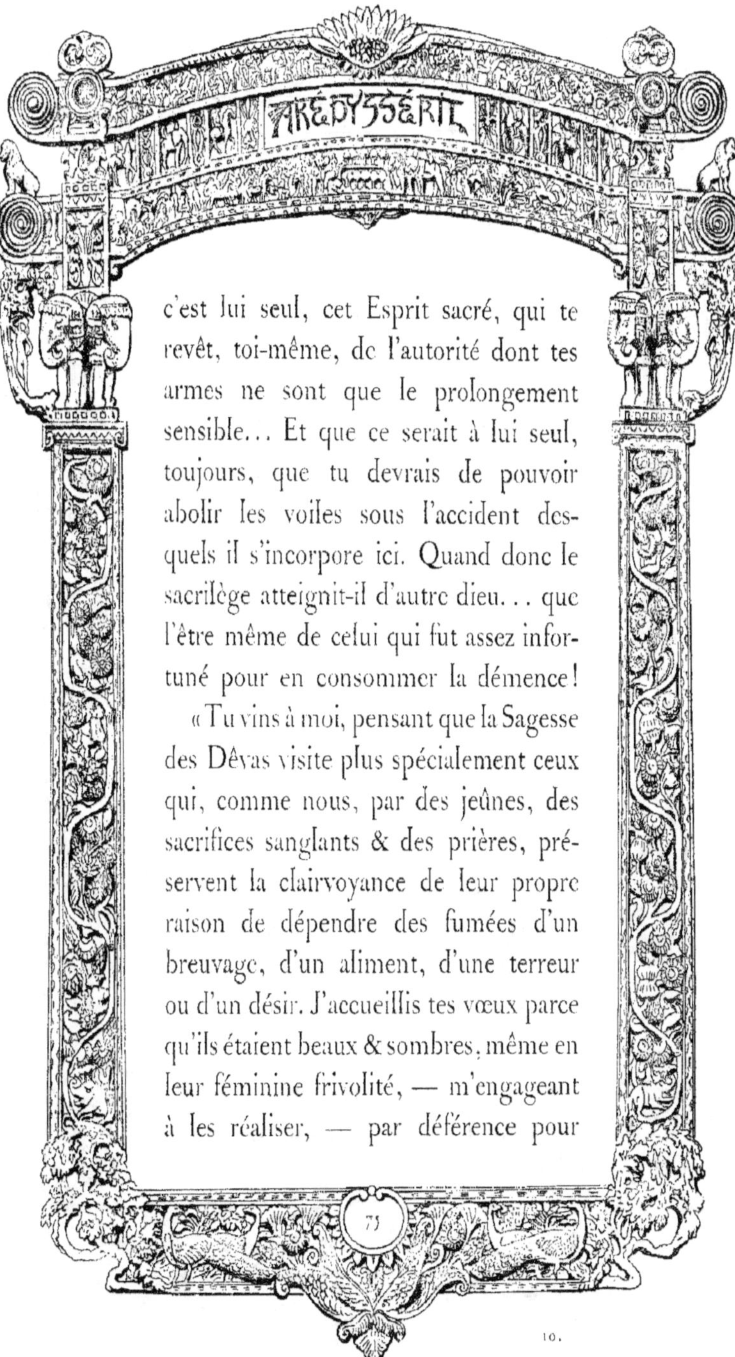

c'est lui seul, cet Esprit sacré, qui te revêt, toi-même, de l'autorité dont tes armes ne sont que le prolongement sensible... Et que ce serait à lui seul, toujours, que tu devrais de pouvoir abolir les voiles sous l'accident desquels il s'incorpore ici. Quand donc le sacrilège atteignit-il d'autre dieu... que l'être même de celui qui fut assez infortuné pour en consommer la démence!

« Tu vins à moi, pensant que la Sagesse des Dêvas visite plus spécialement ceux qui, comme nous, par des jeûnes, des sacrifices sanglants & des prières, préservent la clairvoyance de leur propre raison de dépendre des fumées d'un breuvage, d'un aliment, d'une terreur ou d'un désir. J'accueillis tes vœux parce qu'ils étaient beaux & sombres, même en leur féminine frivolité, — m'engageant à les réaliser, — par déférence pour

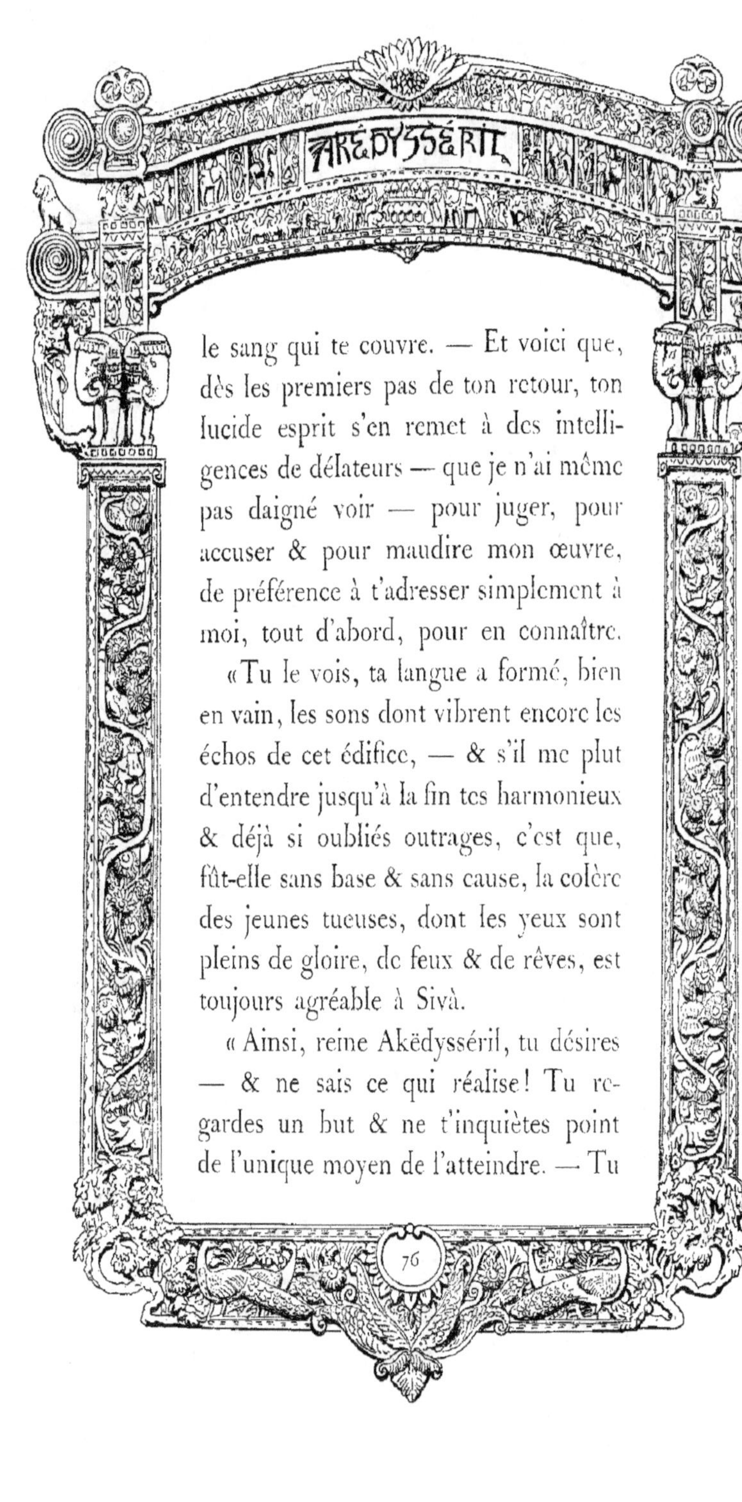

le sang qui te couvre. — Et voici que,
dès les premiers pas de ton retour, ton
lucide esprit s'en remet à des intelli-
gences de délateurs — que je n'ai même
pas daigné voir — pour juger, pour
accuser & pour maudire mon œuvre,
de préférence à t'adresser simplement à
moi, tout d'abord, pour en connaître.

«Tu le vois, ta langue a formé, bien
en vain, les sons dont vibrent encore les
échos de cet édifice, — & s'il me plut
d'entendre jusqu'à la fin tes harmonieux
& déjà si oubliés outrages, c'est que,
fût-elle sans base & sans cause, la colère
des jeunes tueuses, dont les yeux sont
pleins de gloire, de feux & de rêves, est
toujours agréable à Sivà.

«Ainsi, reine Akëdysséril, tu désires
— & ne sais ce qui réalise! Tu re-
gardes un but & ne t'inquiètes point
de l'unique moyen de l'atteindre. — Tu

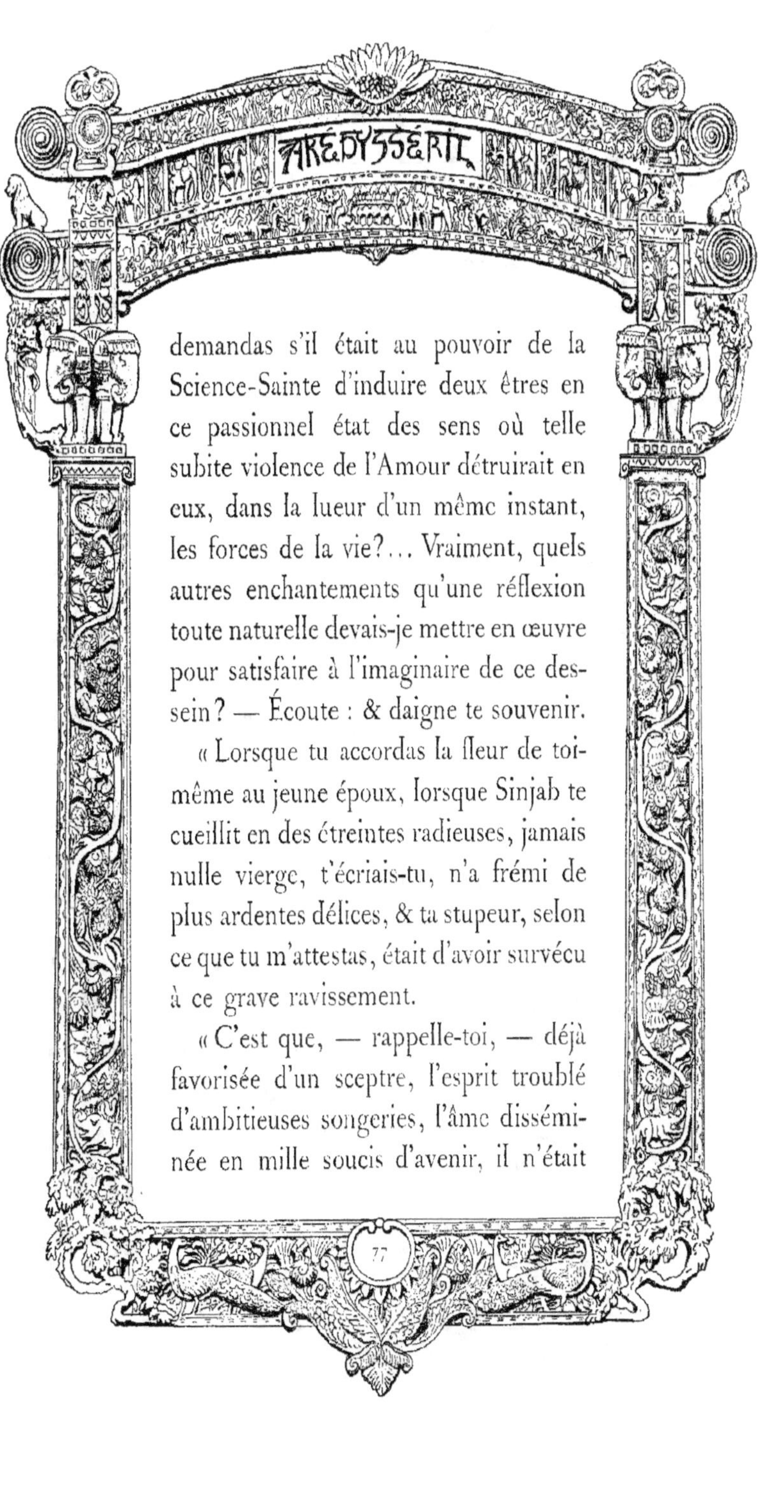

demandas s'il était au pouvoir de la Science-Sainte d'induire deux êtres en ce passionnel état des sens où telle subite violence de l'Amour détruirait en eux, dans la lueur d'un même instant, les forces de la vie?... Vraiment, quels autres enchantements qu'une réflexion toute naturelle devais-je mettre en œuvre pour satisfaire à l'imaginaire de ce dessein? — Écoute : & daigne te souvenir.

« Lorsque tu accordas la fleur de toi-même au jeune époux, lorsque Sinjab te cueillit en des étreintes radieuses, jamais nulle vierge, t'écriais-tu, n'a frémi de plus ardentes délices, & ta stupeur, selon ce que tu m'attestas, était d'avoir survécu à ce grave ravissement.

« C'est que, — rappelle-toi, — déjà favorisée d'un sceptre, l'esprit troublé d'ambitieuses songeries, l'âme disséminée en mille soucis d'avenir, il n'était

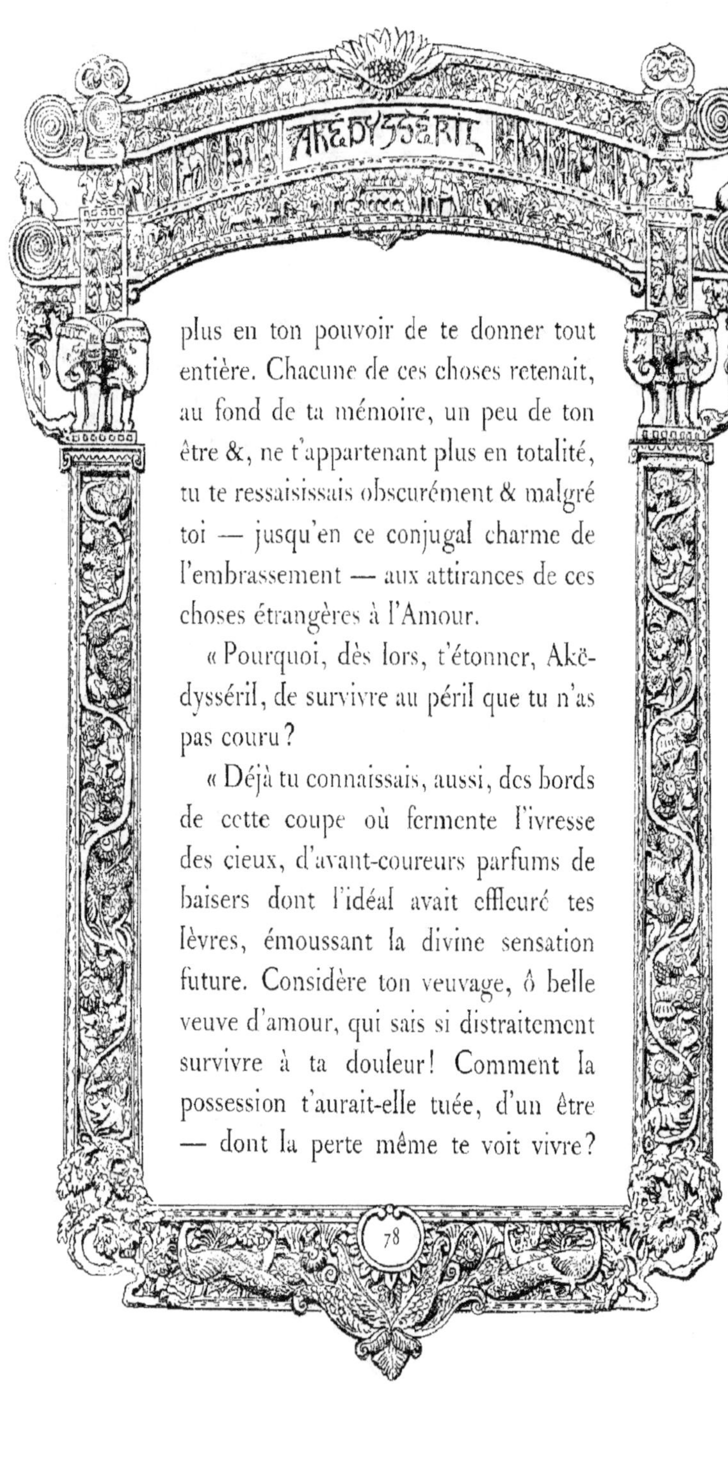

plus en ton pouvoir de te donner tout
entière. Chacune de ces choses retenait,
au fond de ta mémoire, un peu de ton
être &, ne t'appartenant plus en totalité,
tu te ressaisissais obscurément & malgré
toi — jusqu'en ce conjugal charme de
l'embrassement — aux attirances de ces
choses étrangères à l'Amour.

« Pourquoi, dès lors, t'étonner, Akëdysséril, de survivre au péril que tu n'as
pas couru ?

« Déjà tu connaissais, aussi, des bords
de cette coupe où fermente l'ivresse
des cieux, d'avant-coureurs parfums de
baisers dont l'idéal avait effleuré tes
lèvres, émoussant la divine sensation
future. Considère ton veuvage, ô belle
veuve d'amour, qui sais si distraitement
survivre à ta douleur ! Comment la
possession t'aurait-elle tuée, d'un être
— dont la perte même te voit vivre ?

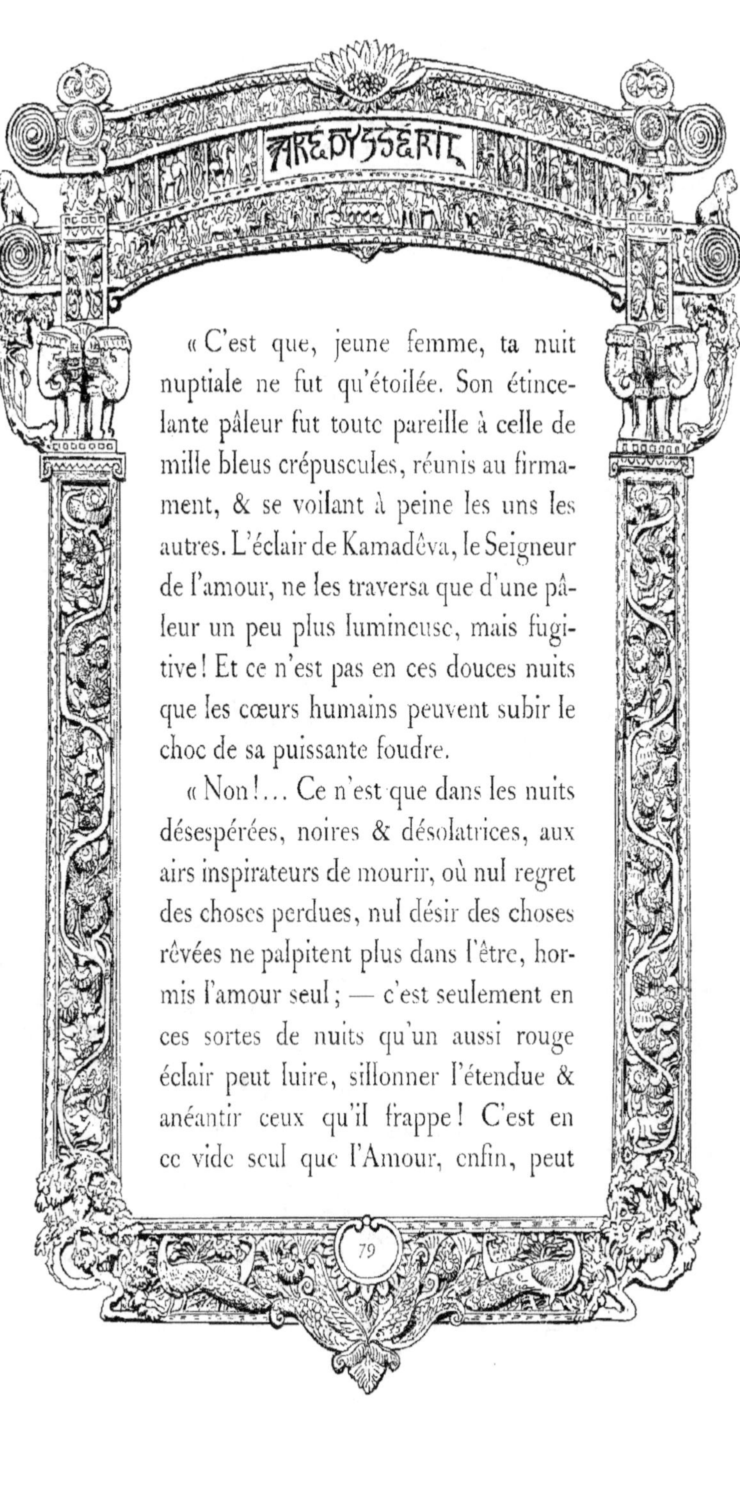

« C'est que, jeune femme, ta nuit nuptiale ne fut qu'étoilée. Son étincelante pâleur fut toute pareille à celle de mille bleus crépuscules, réunis au firmament, & se voilant à peine les uns les autres. L'éclair de Kamadêva, le Seigneur de l'amour, ne les traversa que d'une pâleur un peu plus lumineuse, mais fugitive! Et ce n'est pas en ces douces nuits que les cœurs humains peuvent subir le choc de sa puissante foudre.

« Non!... Ce n'est que dans les nuits désespérées, noires & désolatrices, aux airs inspirateurs de mourir, où nul regret des choses perdues, nul désir des choses rêvées ne palpitent plus dans l'être, hormis l'amour seul; — c'est seulement en ces sortes de nuits qu'un aussi rouge éclair peut luire, sillonner l'étendue & anéantir ceux qu'il frappe! C'est en ce vide seul que l'Amour, enfin, peut

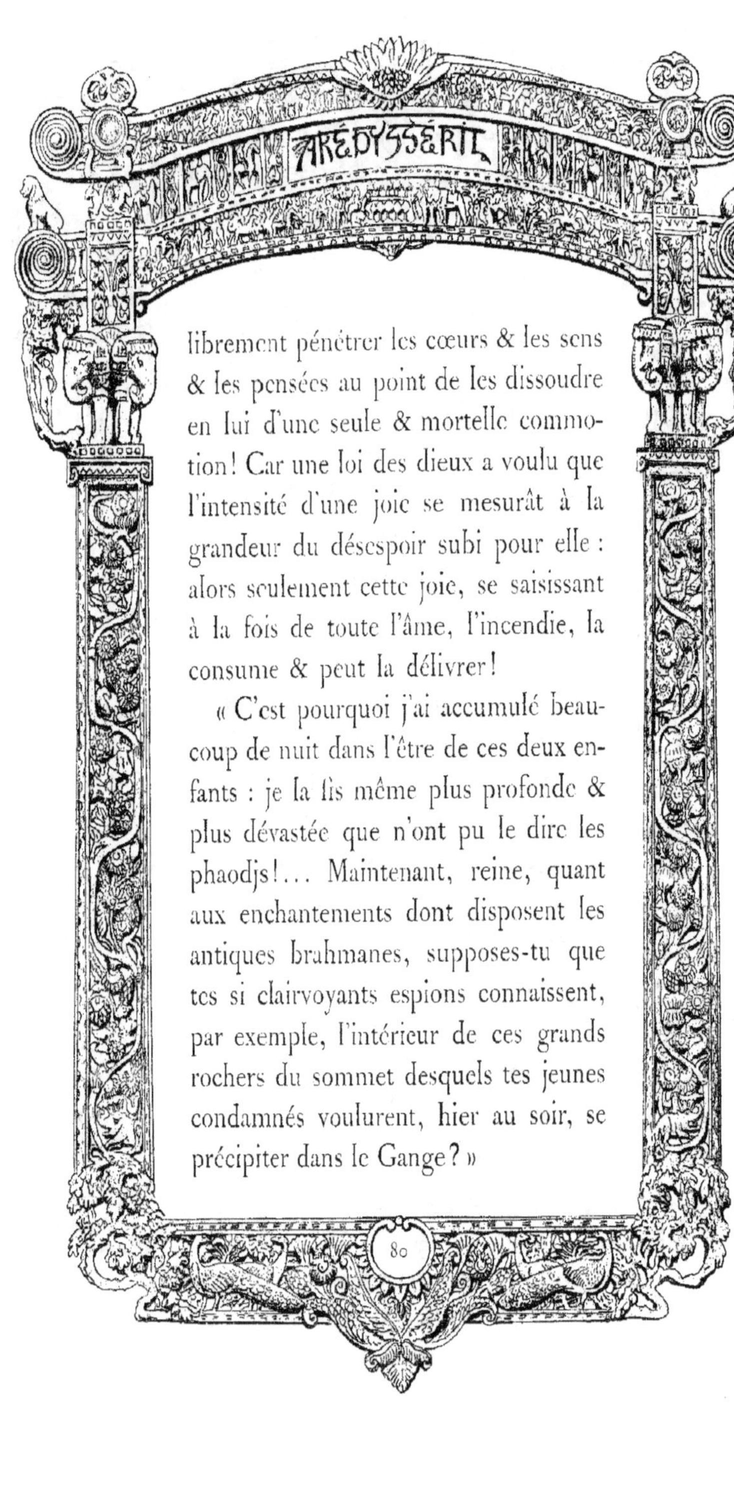

librement pénétrer les cœurs & les sens
& les pensées au point de les dissoudre
en lui d'une seule & mortelle commo-
tion! Car une loi des dieux a voulu que
l'intensité d'une joie se mesurât à la
grandeur du désespoir subi pour elle :
alors seulement cette joie, se saisissant
à la fois de toute l'âme, l'incendie, la
consume & peut la délivrer!

« C'est pourquoi j'ai accumulé beau-
coup de nuit dans l'être de ces deux enfants : je la fis même plus profonde &
plus dévastée que n'ont pu le dire les
phaodjs!... Maintenant, reine, quant
aux enchantements dont disposent les
antiques brahmanes, supposes-tu que
tes si clairvoyants espions connaissent,
par exemple, l'intérieur de ces grands
rochers du sommet desquels tes jeunes
condamnés voulurent, hier au soir, se
précipiter dans le Gange? »

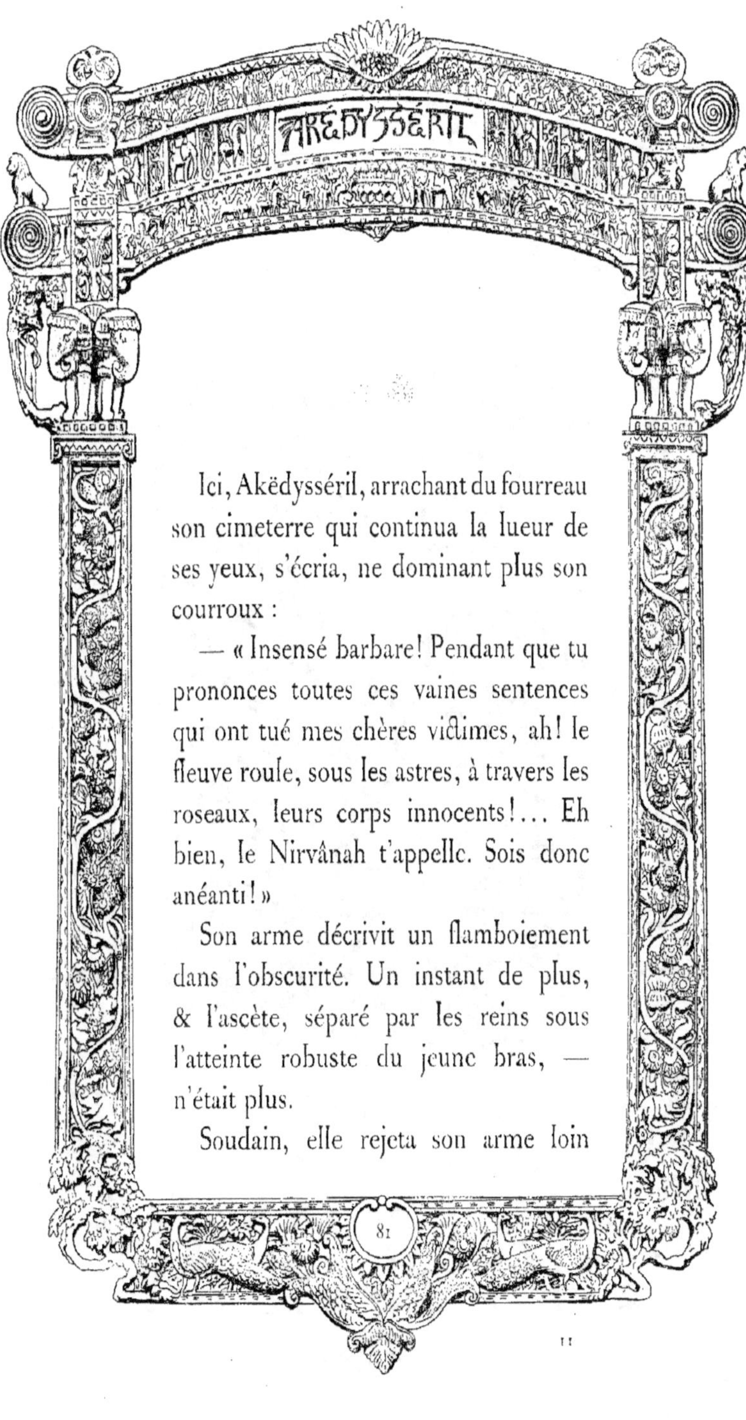

Ici, Akëdysséril, arrachant du fourreau son cimeterre qui continua la lueur de ses yeux, s'écria, ne dominant plus son courroux :

— « Insensé barbare ! Pendant que tu prononces toutes ces vaines sentences qui ont tué mes chères victimes, ah ! le fleuve roule, sous les astres, à travers les roseaux, leurs corps innocents !... Eh bien, le Nirvânah t'appelle. Sois donc anéanti ! »

Son arme décrivit un flamboiement dans l'obscurité. Un instant de plus, & l'ascète, séparé par les reins sous l'atteinte robuste du jeune bras, — n'était plus.

Soudain, elle rejeta son arme loin

d'elle, & le bruit retentissant de cette

chute fit tressaillir encore les ombres du
temple.

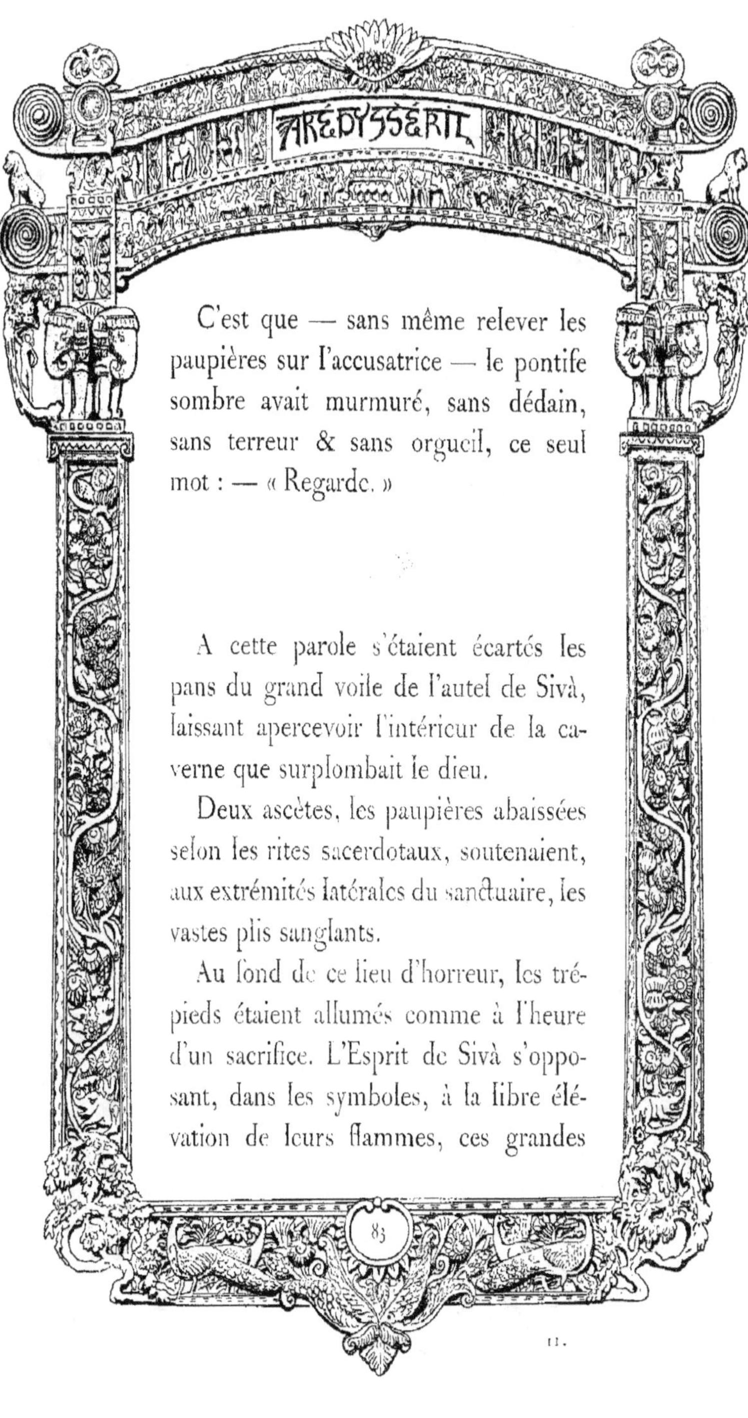

C'est que — sans même relever les paupières sur l'accusatrice — le pontife sombre avait murmuré, sans dédain, sans terreur & sans orgueil, ce seul mot : — « Regarde. »

A cette parole s'étaient écartés les pans du grand voile de l'autel de Sivà, laissant apercevoir l'intérieur de la caverne que surplombait le dieu.

Deux ascètes, les paupières abaissées selon les rites sacerdotaux, soutenaient, aux extrémités latérales du sanctuaire, les vastes plis sanglants.

Au fond de ce lieu d'horreur, les trépieds étaient allumés comme à l'heure d'un sacrifice. L'Esprit de Sivà s'opposant, dans les symboles, à la libre élévation de leurs flammes, ces grandes

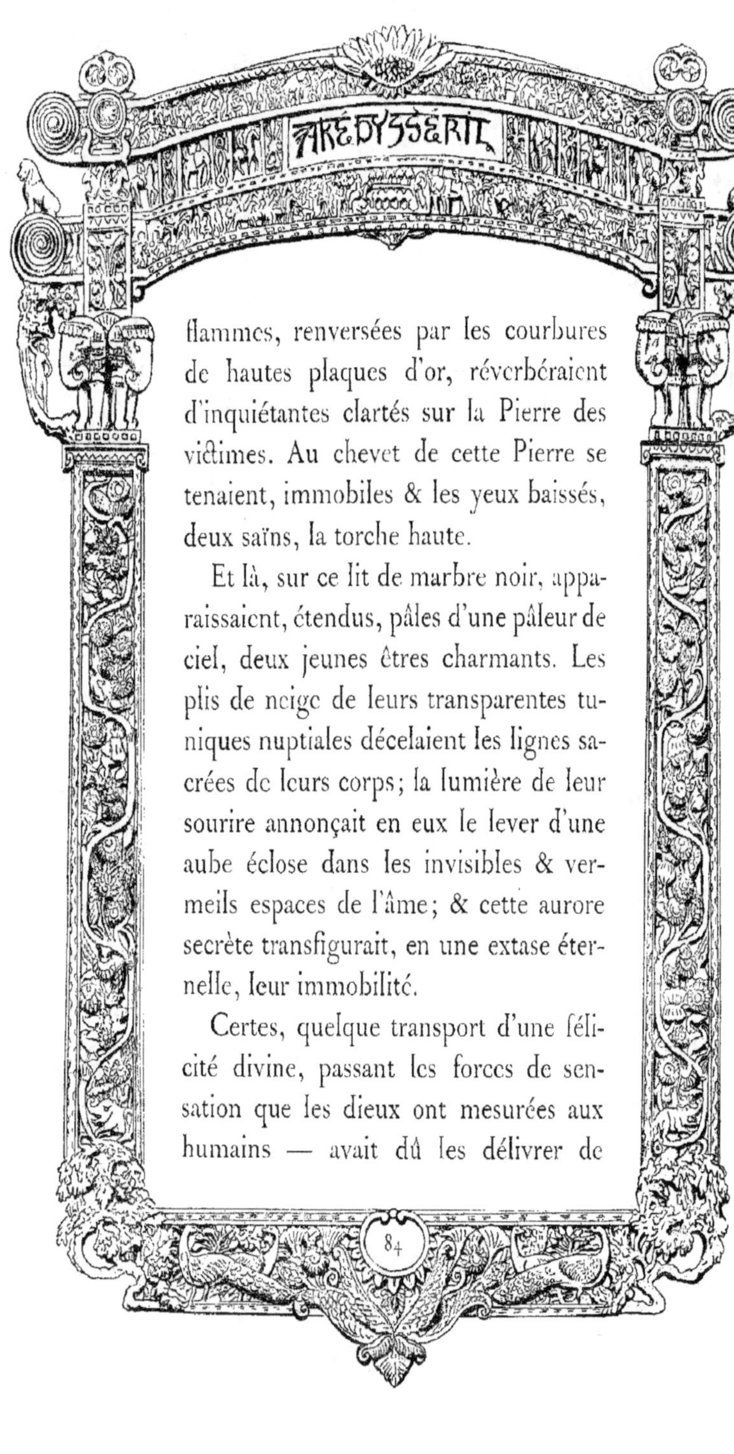

flammes, renversées par les courbures de hautes plaques d'or, réverbéraient d'inquiétantes clartés sur la Pierre des victimes. Au chevet de cette Pierre se tenaient, immobiles & les yeux baissés, deux saïns, la torche haute.

Et là, sur ce lit de marbre noir, apparaissaient, étendus, pâles d'une pâleur de ciel, deux jeunes êtres charmants. Les plis de neige de leurs transparentes tuniques nuptiales décelaient les lignes sacrées de leurs corps; la lumière de leur sourire annonçait en eux le lever d'une aube éclose dans les invisibles & vermeils espaces de l'âme; & cette aurore secrète transfigurait, en une extase éternelle, leur immobilité.

Certes, quelque transport d'une félicité divine, passant les forces de sensation que les dieux ont mesurées aux humains — avait dû les délivrer de

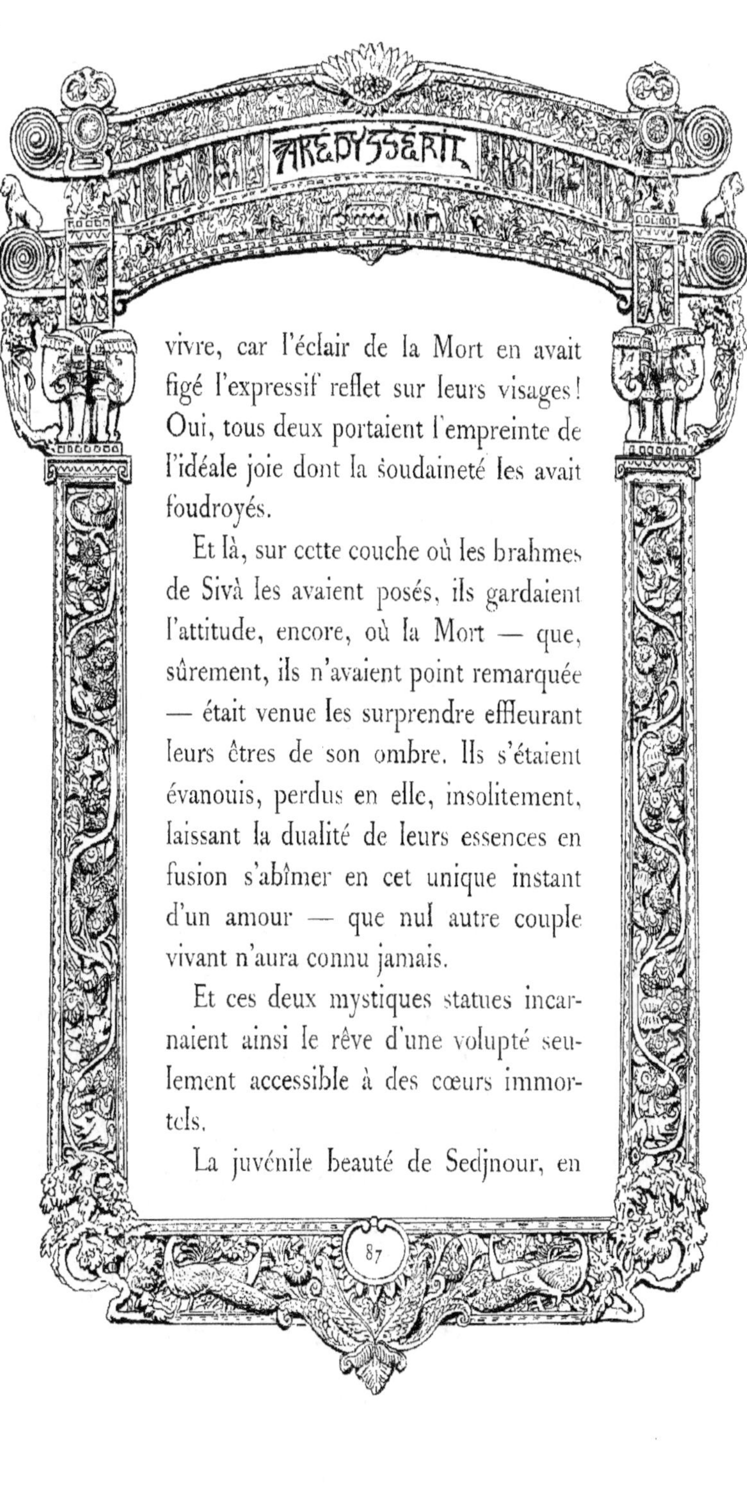

vivre, car l'éclair de la Mort en avait
figé l'expressif reflet sur leurs visages !
Oui, tous deux portaient l'empreinte de
l'idéale joie dont la soudaineté les avait
foudroyés.

Et là, sur cette couche où les brahmes
de Sivà les avaient posés, ils gardaient
l'attitude, encore, où la Mort — que,
sûrement, ils n'avaient point remarquée
— était venue les surprendre effleurant
leurs êtres de son ombre. Ils s'étaient
évanouis, perdus en elle, insolitement,
laissant la dualité de leurs essences en
fusion s'abîmer en cet unique instant
d'un amour — que nul autre couple
vivant n'aura connu jamais.

Et ces deux mystiques statues incar-
naient ainsi le rêve d'une volupté seulement accessible à des cœurs immor-
tels.

La juvénile beauté de Sedjnour, en

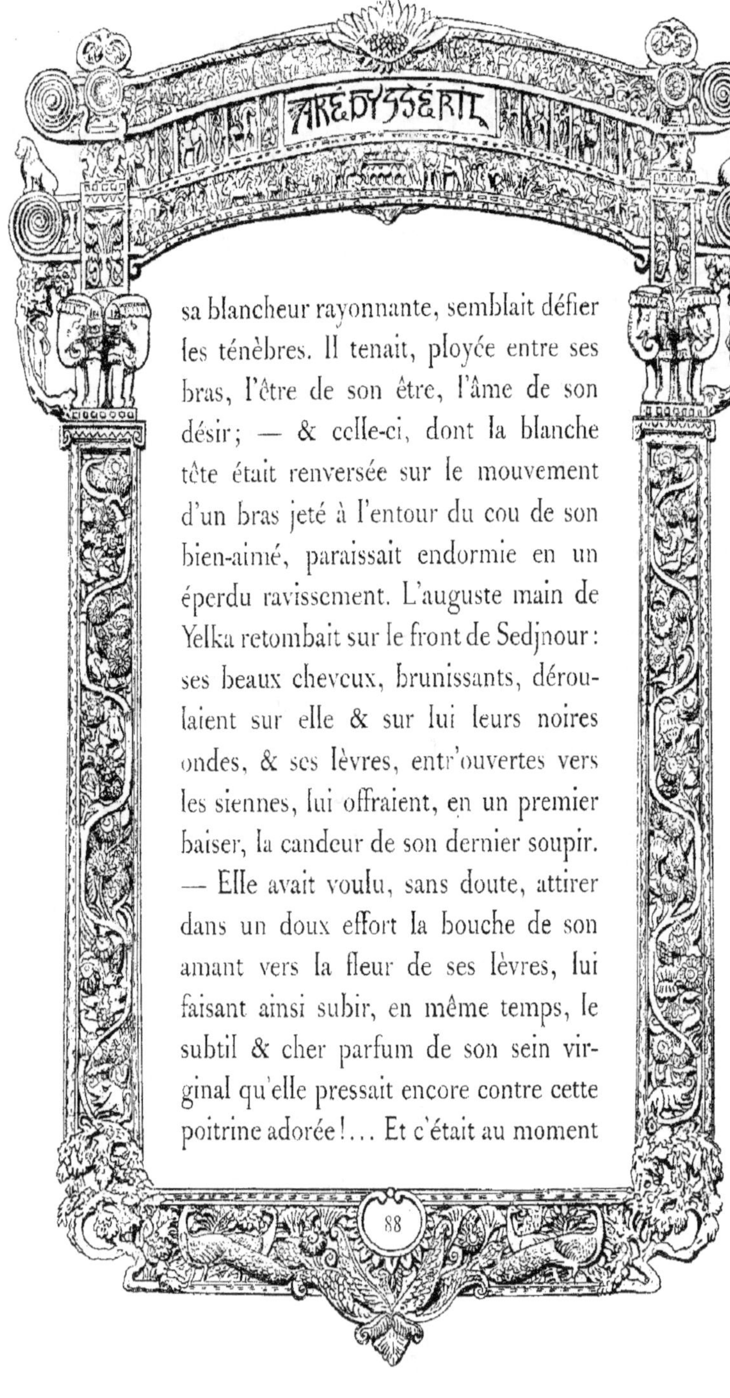

sa blancheur rayonnante, semblait défier les ténèbres. Il tenait, ployée entre ses bras, l'être de son être, l'âme de son désir; — & celle-ci, dont la blanche tête était renversée sur le mouvement d'un bras jeté à l'entour du cou de son bien-aimé, paraissait endormie en un éperdu ravissement. L'auguste main de Yelka retombait sur le front de Sedjnour : ses beaux cheveux, brunissants, déroulaient sur elle & sur lui leurs noires ondes, & ses lèvres, entr'ouvertes vers les siennes, lui offraient, en un premier baiser, la candeur de son dernier soupir. — Elle avait voulu, sans doute, attirer dans un doux effort la bouche de son amant vers la fleur de ses lèvres, lui faisant ainsi subir, en même temps, le subtil & cher parfum de son sein virginal qu'elle pressait encore contre cette poitrine adorée !... Et c'était au moment

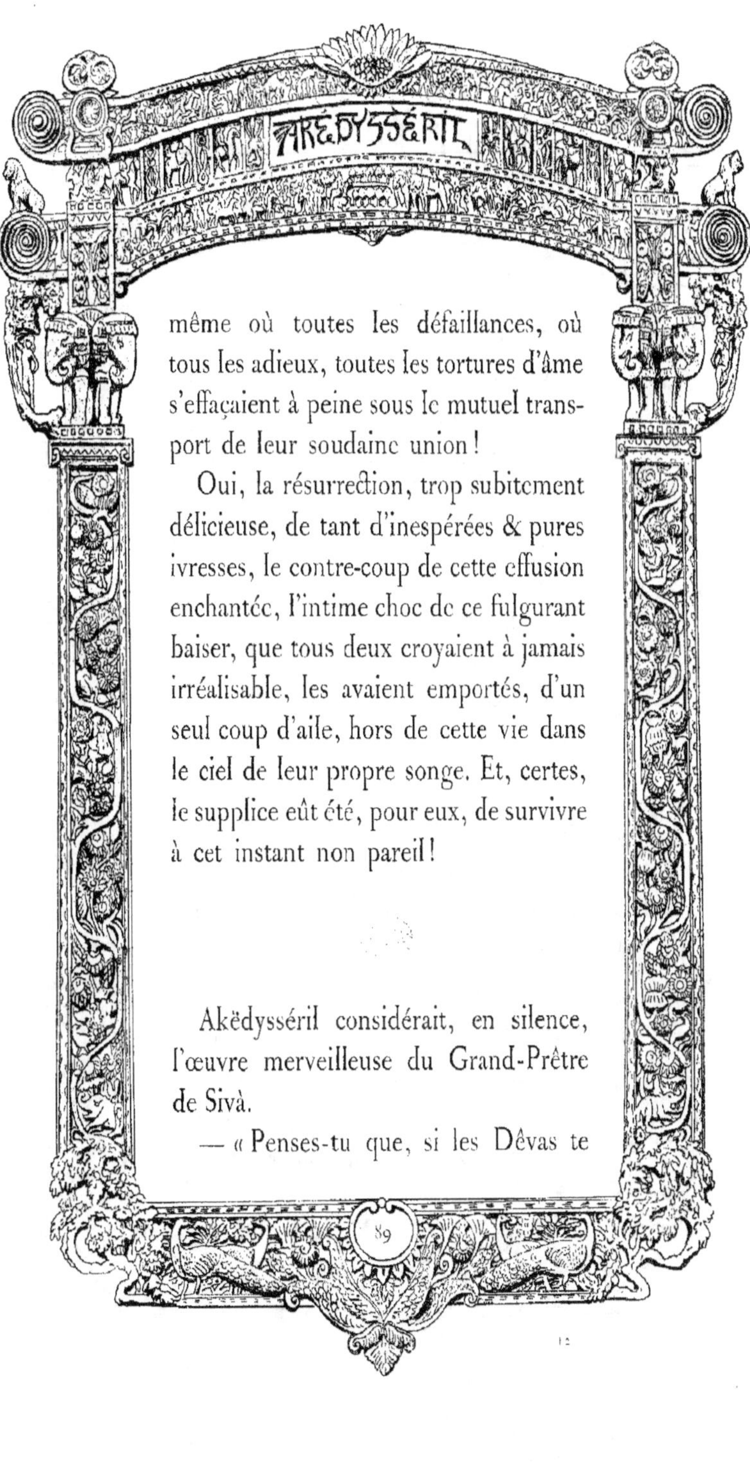

même où toutes les défaillances, où tous les adieux, toutes les tortures d'âme s'effaçaient à peine sous le mutuel transport de leur soudaine union !

Oui, la résurrection, trop subitement délicieuse, de tant d'inespérées & pures ivresses, le contre-coup de cette effusion enchantée, l'intime choc de ce fulgurant baiser, que tous deux croyaient à jamais irréalisable, les avaient emportés, d'un seul coup d'aile, hors de cette vie dans le ciel de leur propre songe. Et, certes, le supplice eût été, pour eux, de survivre à cet instant non pareil !

Akëdysséril considérait, en silence, l'œuvre merveilleuse du Grand-Prêtre de Sivà.

— « Penses-tu que, si les Dêvas te

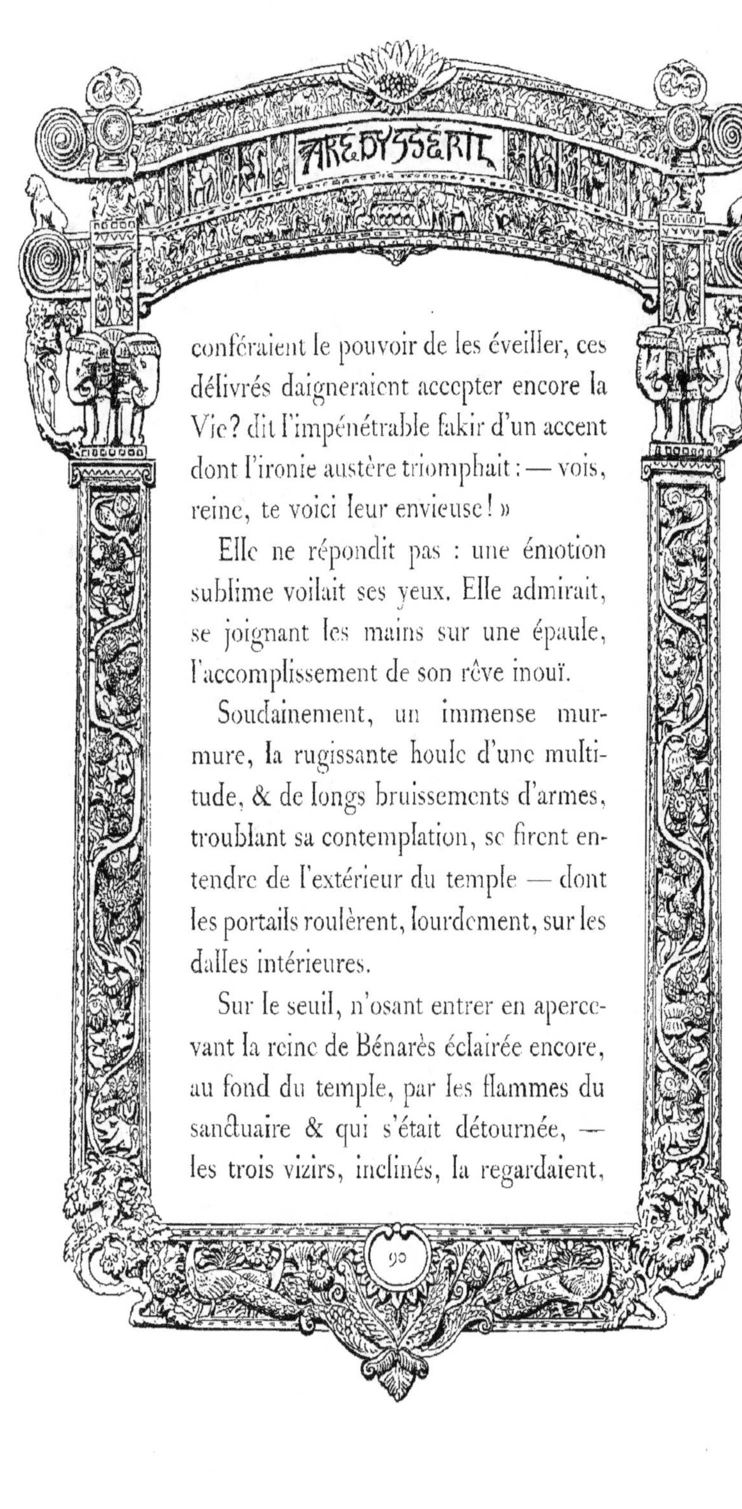

conféraient le pouvoir de les éveiller, ces
délivrés daigneraient accepter encore la
Vie? dit l'impénétrable fakir d'un accent
dont l'ironie austère triomphait : — vois,
reine, te voici leur envieuse ! »

Elle ne répondit pas : une émotion
sublime voilait ses yeux. Elle admirait,
se joignant les mains sur une épaule,
l'accomplissement de son rêve inouï.

Soudainement, un immense mur-
mure, la rugissante houle d'une multitude, & de longs bruissements d'armes,
troublant sa contemplation, se firent entendre de l'extérieur du temple — dont
les portails roulèrent, lourdement, sur les
dalles intérieures.

Sur le seuil, n'osant entrer en apperce-
vant la reine de Bénarès éclairée encore,
au fond du temple, par les flammes du
sanctuaire & qui s'était détournée, —
les trois vizirs, inclinés, la regardaient,

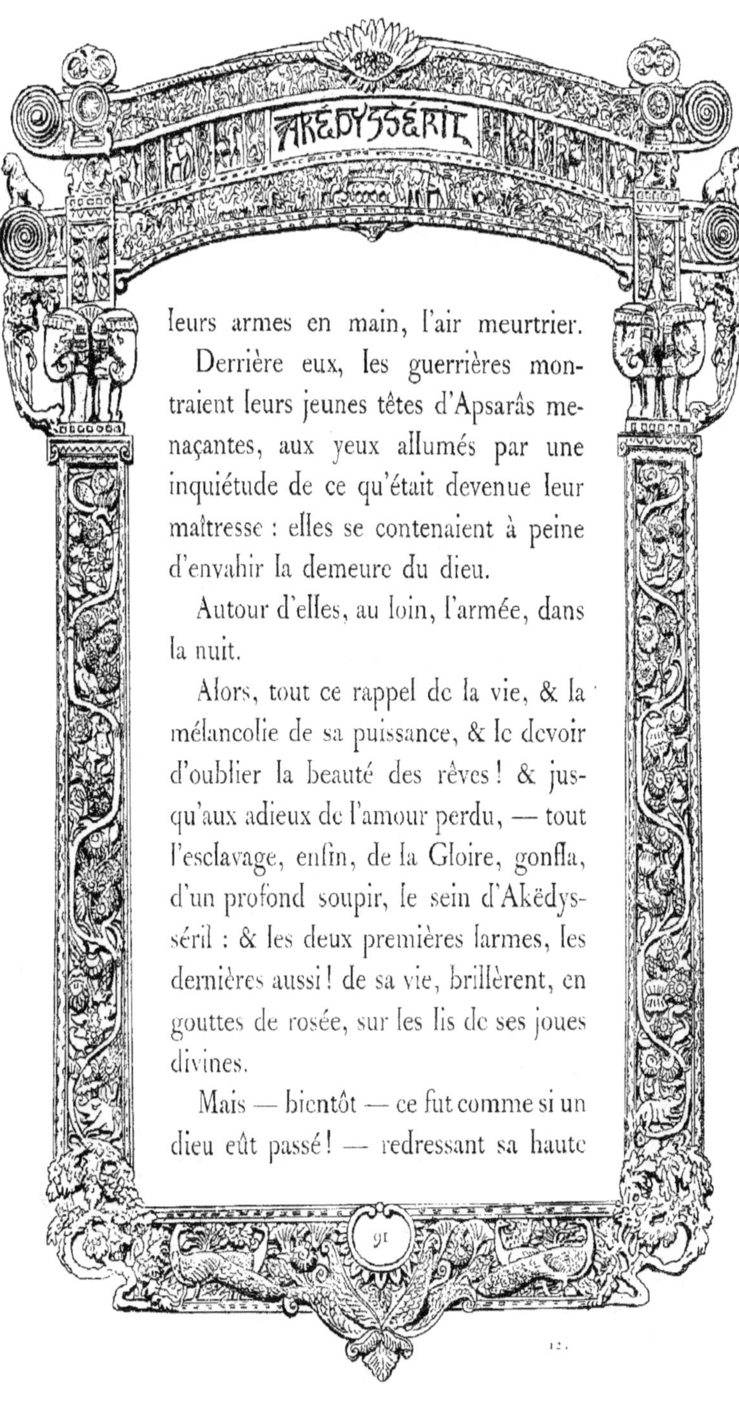

leurs armes en main, l'air meurtrier.

Derrière eux, les guerrières montraient leurs jeunes têtes d'Apsarâs menaçantes, aux yeux allumés par une inquiétude de ce qu'était devenue leur maîtresse : elles se contenaient à peine d'envahir la demeure du dieu.

Autour d'elles, au loin, l'armée, dans la nuit.

Alors, tout ce rappel de la vie, & la mélancolie de sa puissance, & le devoir d'oublier la beauté des rêves ! & jusqu'aux adieux de l'amour perdu, — tout l'esclavage, enfin, de la Gloire, gonfla, d'un profond soupir, le sein d'Akëdysséril : & les deux premières larmes, les dernières aussi ! de sa vie, brillèrent, en gouttes de rosée, sur les lis de ses joues divines.

Mais — bientôt — ce fut comme si un dieu eût passé ! — redressant sa haute

91

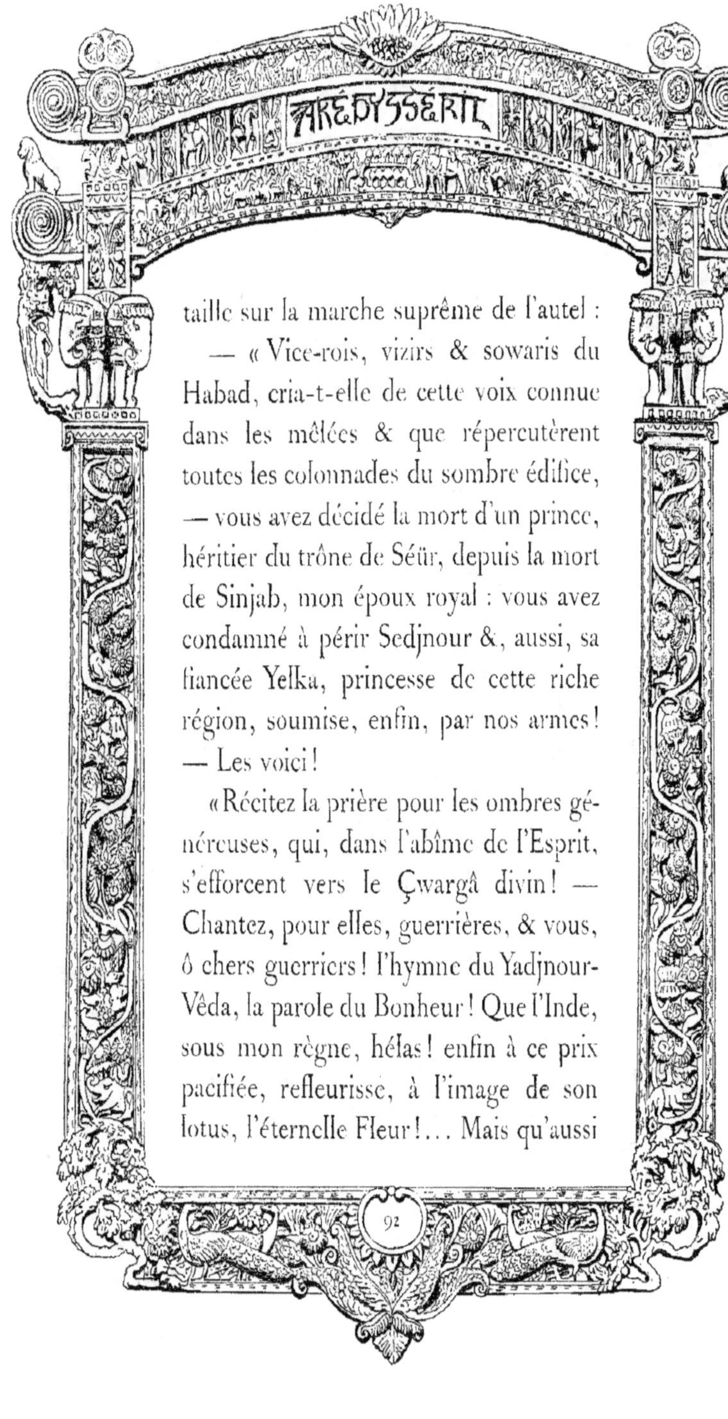

taille sur la marche suprême de l'autel :

— « Vice-rois, vizirs & sowaris du Habad, cria-t-elle de cette voix connue dans les mêlées & que répercutèrent toutes les colonnades du sombre édifice,

— vous avez décidé la mort d'un prince, héritier du trône de Séür, depuis la mort de Sinjab, mon époux royal : vous avez condamné à périr Sedjnour &, aussi, sa fiancée Yelka, princesse de cette riche région, soumise, enfin, par nos armes !
— Les voici !

« Récitez la prière pour les ombres généreuses, qui, dans l'abîme de l'Esprit, s'efforcent vers le Çwargâ divin ! — Chantez, pour elles, guerrières, & vous, ô chers guerriers ! l'hymne du Yadjnour-Vêda, la parole du Bonheur ! Que l'Inde, sous mon règne, hélas ! enfin à ce prix pacifiée, refleurisse, à l'image de son lotus, l'éternelle Fleur !... Mais qu'aussi

les cœurs se serrent de ceux dont l'âme
est grave : car une grandeur de l'Asie
s'est évanouie sur cette pierre !...

LA SUBLIME RACE D'EBBAHAR
EST ÉTEINTE.

ACHEVÉ D'IMPRIMER

PAR L'IMPRIMERIE NATIONALE

SOUS LA DIRECTION DE M. ARTHUR CHRISTIAN

POUR LOUIS CONARD, ÉDITEUR

LE 1ᵉʳ JUILLET 1905